독립운동자료로 보는

김마리아

이희천 · 김혜경 편역

사단법인 김마리아선생기념사업회

축 사

사단법인 김마리아선생기념사업회 회장 이미자

시대가 빠르게 변하면서 사회적 가치관도 많이 변모하고 있습니다. 그럼에도 우리가 굳건하게 잡아야 하는 것은 아마 나라에 대한 사랑일 것입니다. 조국이 없다면 우리 일상의 모든 것이 속박 당하고 강제로 없앰을 당하고 말 것입니다.

그러므로 우리는 늘 조국을 위해, 조국 광복을 위해 헌신하신 분들의 정신을 잊지 말아야 합니다.

특별히 올해는 3·1 운동 100주년이 되는 해입니다. 전 생애를 다 바쳐서 조국의 독립을 위해 사셨던 김마리아 선생님은 일본에 유학중 2·8 독립운동에 참여하셨고, 독립선언서를 숨기고 국내에 잠입하여 3·1 운동의 발판을 놓으신 분이십니다.

선생의 독립운동의 업적을 일일이 나열하는 것은 하늘을 두루마리 삼고, 바다를 먹물 삼아서 기록한다 해도 채울 수 없습니다. 선생의 생애 전체가 우리나라의 독립운동이었기 때문입니다.

3·1 운동 이후 선생은 그해 11월 우리나라 최고의 항일 비밀여성단체인 대한민국애국부인회를 조직하고 활동에 들어갔습니다. 그러나 얼마 안되어 일경에 발각되어 감옥에 투옥되므로 안타깝게도 더 이상 독립운동을 전개하지 못하게 되었습니다. 그러나 선생이 대구감옥에 갇혀서 모진 고문을 당하면서도 일본 연호를 쓰라는 일본 검사를 향해, 나는 남의 나라 연호 따위는 모른다며 우리 국호를 쓰며 추상열일하게 꾸짖던 것으로부터 고문에 쓰러져서 사경을 헤매면서까지 일제에 항거해 조국의 독립을 외치던 그 모든 것들이 기사화 되어서 신문으로 전국에 타전되었습니다.

암울한 식민지 시대에 선생의 이러한 항거는 우리 민족의 독립을 일깨우는 원동력이 되었던 것입니다.

　사단법인 김마리아선생기념사업회에서 이러한 신문기사를 모아 2014년 '신문으로 보는 김마리아'를 펴냈었고, 이제 3·1 운동 100주년이 되는 해에 선생의 자료를 모아 이 책을 냅니다.

　상해 임시정부의 주선으로 조국을 떠나 중국과 미국에 망명생활을 하시는 중에도 근화회를 조직하여 외교를 통한 독립운동을 지속적으로 펼치셨고, 다시 조국으로 돌아오신 후에도 일경에 의해 원산 마르다윌슨신학교 내로 거주 제한이 묶여 있었지만 여전도회전국연합회 조직을 확장시키며 4대에 걸쳐 회장을 맡으셨습니다. 또한 신사참배를 강요하는 일제의 강한 압박에도 끝까지 거부하신 선생님은 고문 후유증으로 돌아가실 때까지 조국의 광복이 소원이셨습니다.

　책이 나오기까지 수고하신 모든 분들에게 감사드립니다.

2019년 2월

차 례

축 사 ………………………………………………… 3

1. 萬國婦人싸론 (만국부인싸론) ………………………… 7

2. 金瑪利亞 신문조서(제1회) ……………………… 9

3. 金瑪利亞 신문조서(제2회) ……………………… 13

4. 李鍾昕가 安昌浩에게 보낸 서신 ………………… 35

5. 기독교 신자로 이루어진 조선부인 음모단 체포 …………… 43

6. 비밀결사의 내부사정 폭로하여 조선의 대 음모단 근저에서부터

   전복, 주모자 등 검거 ……………………… 45

7. 庚申年의 거듬(上) ……………………… 47

8. 유자명 수기 ……………………… 61

9. 임시의정원 회의에서 황해도 대의원으로 선출 ……………… 67

10. 高警 제4071호. 상해정보1 ……………………… 69

11. 國民代表會에 관한 件 ……………………… 73

12. 1923년 1월 28일, 상해 임시정부 국민대표회 교육과위원으로

    활동하고 있는 김마리아 ……………………… 81

13. 소위 독립기념일의 재외조선인의 동정 ……………… 85

14. 조선인여자청년회의 연례회 상황의 건 ……………… 95

15. 국민대표회의 선언서 ……………………… 97

16. 그는 누구며 어디에 ……………………… 101

17. 하루 동안 차 속에서 ……………………… 103

18. 第二二八 團友 김마리아 履歷書 ………………………………… 111

19. 興士團 第 十七回 뉴욕大會 報告 ………………………… 113

20. 잡지 삼천리에 실린 김마리아에 대한 기사들 ……………… 119

21. 허진업이 김병연에게 보낸 편지 ……………………… 145

22. 한승인이 최희승에게 보낸 편지 ………………………… 147

23. 미주 한국학생연맹 부회장 김마리아 ……………………… 149

24. 한 달의 널스 生活 ………………………………………… 151

25. 흥사단으로 보낸 서신 ……………………………………… 155

26. 김마리아 귀국 ……………………………………………… 157

27. 김마리아 論 ………………………………………………… 161

28. 조선 기독교 여성 운동 …………………………………… 169

29. 기려수필(騎驢隨筆) ………………………………………… 173

30. 나라사랑 30 ………………………………………………… 185

31. 동경 여자학원 광보 ……………………………………… 201

32. 조선인개황(朝鮮人槪況) …………………………………… 215

33. 동경 여자학원 역사 속의 김마리아 …………………………… 217

후 기 ………………………………………………………… 225

1. "萬國婦人싸론 (만국부인싸론)" 「만국부인」제1호, 1932년 10월 1일

해설 :

김마리아, 1915년 동경조선여자유학생 여자친목회 졸업생 축하회에 사회. (이 때 회장은 김필례였다.)

잡지명 : 동광 만국부인 제1호

발행년월일 : 1932년 10월 01일

기사제목 : 萬國婦人싸론(만국부인싸론)

기사형태 : 회고 · 수기

필자 :

본문 :

萬國婦人싸론 (만국부인싸론)

지금부터 15년 전인 1915년에 동경 여자 유학생들 손으로 女子親睦會 (여자친목회) 졸업생 축하회가 東京 麴町區 飯田町 敎堂(동경 고지마치 구 이이다마치 교당) 내에 개최된 바 넷날 일이나 퍽으나 희한하야 그 때 의 式進行經過(식진행경과)를 보도합니다.

1, 개회사 ········· 사회 ········ 金瑪利亞(김마리아)

1, 기도 ·························· 黃愛施德(황애시덕)

1, 축사 及 권면 ·············· 玄相允(현상윤)

1, 同 ···························· 南宮薰(남궁훈)

1, 축가 ··········· 회원중 ··· 有志(유지)

1, 졸업생 답사 ················ 金德成(김덕성)

1, 同 ···························· 許英肅(허영숙)

1, 同 ···························· 羅蕙錫(나혜석)

1, 奏樂(주악) ················· 宋福信(송복신)

1, 폐회기도 ····· 목사 ······· 林鍾純(임종순) < 21 >

(下略)

2. 金瑪利亞 신문조서(제1회)

三·一 獨立示威 關聯者 訊問調書(檢事調書)(國漢文)

문서제목 : 金瑪利亞 신문조서(제1회)

右被告人ニ對スル保安法違反事件ニ付大正8年3月14日警務總監部ニ 於テ朝鮮總督府檢事 山澤佐一郎朝鮮總督府裁判所書記 長瀨誠三助列 席ノ上檢事ハ被告人ニ對シ訊問ヲ爲スコト左ノ如シ.

問 : 氏名, 年齡, 身分, 職業, 住所, 本籍地及出生地ハ如何.
答 : 氏名, 年齡ハ金瑪利亞, 28年.身分, 職業ハ無職.住所ハ京城府蓮池
　　洞, 貞信女學校長ミス·ルイズ方.本籍地ハ黃海道長淵郡松川洞, 面
　　不詳.出生地ハ黃海道長淵郡松川洞, 面不詳.

問 : 位記, 勳章, 從軍記章, 年金, 恩給又ハ公職ヲ有セサルヤ.
答 : アリマセヌ.

問 : 是迄刑罰ニ處セラレタルコトナキヤ.
答 : アリマセヌ.

問：其方ハ本年3月6日及3月14日ノ兩回ニ警務總監部ニ於テ下村警部
　　ニ取調ヘヲ受ケタル際申立タルハ相違ナキヤ.

答：事實ノ通リ申立タニ相違アリマセヌ.右錄取シタル處ヲ讀聞カセタ
　　ルニ相違ナキ旨承認シ左ニ自署シタリ.被告人 金瑪利亞

작성일 大正 8年 3月 14日

서기 朝鮮總督府裁判所書記 長瀬誠三助

(한글, 한자)

3 · 1 독립시위 관계자 신문조서(검사조서) (국한문)

1919년 3월 14일

金瑪利亞 신문조서(제1회)

위 피고인에 대한 보안법 위반 사건에 관하여 大正 8년 3월 14일 警務總
監部에서 朝鮮總督府 검사 山澤佐一郎 朝鮮總督府 재판소 서기 長瀬誠
三助열석한 후, 검사는 피고인에 대하여 신문하기를 다음과 같이 하다.

문 : 성명·연령·신분·직업·주소·본적지 및 출생지는 어떠한가.

답 : 성명·연령은 金瑪利亞, 28세. 신분·직업은 무직. 주소는 京城府蓮池

洞貞信女學校長 미스 루이스方. 본적지는 黃海道 長淵郡 松川洞面 미상. 출생지는 黃海道 長淵郡 松川洞 面 미상.

문 : 위기·훈장·종군기장·연금·은급 또는 공직을 가지고 있지 않은가.

답 : 없다.

문 : 이제까지 형벌에 처해졌던 일은 없는가.

답 : 없다.

문 : 그대가 금년 3월 6일 및 3월 14일 두번 警務總監部에서 下村 警部에게 취조를 받을 때 진술한 것은 틀림이 없는가.

답 : 사실대로 진술한 것임에 틀림없다. 위 錄取한 바를 읽어 들려주었던 바, 틀림없다는 뜻을 승인하고 다음에 자서하다.

피고인 金瑪利亞

작성일 大正 8년 3월 14일

서기 朝鮮總督府 재판소 서기 長瀨誠三助

신문자 朝鮮總督府 검사 山澤佐一郎 출장 중인 까닭으로 소속관서의 印을 찍지 못함.

3. 金瑪利亞 신문조서(제2회)

한민족독립운동사자료집 > 三一運動 Ⅳ > 三·一 獨立示威 關聯者 訊問
調書(檢事調書)(國漢文) > 金瑪利亞 신문조서(제2회)

金瑪利亞 訊問調書(第2回)

金瑪利亞

右被告人ニ對スル保安法違反事件ニ付大正8年3月18日京城方法院檢事
局ニ於テ

朝鮮總督府檢事 山澤佐一郎

朝鮮總督府裁判所書記 山縣一男

烈席ノ上檢事ハ被告人ニ對シ訊問ヲ爲スコト左ノ如シ.

問：氏名如何.

答：金瑪利亞テアリマス.

問：其方ハ 東京女子學院ノ生徒カ.

答：左樣テアリマス.

問：東京ヲ立チ京城ニ來タノハ何日カ.

答：2月21日テス.

問：何ノ用事テ來タカ.

答：貞信女學校ノ校長カラ歸レト書イテ手紙カ來タノテアリマス. 其
中ニハ學校ガゴタツイテ居ル故來年ノ卒業マテ待テヌカラ早ク歸
ツテ來イトノ事ガ書イテアリマシタノテ, 三谷民子先生ニ其手紙ヲ
示シマシタ處歸國シタ方ガ宜敷カロウトノ事テシタカラ, 東京ヲ17
日ニ出發シ光州ノ姉ノ處ニ一寸立寄リ2月21日京城ニ着キマシタ.

問：其方ハ 貞信女學校カラ留學セシメラレテ居タノカ.

答：否. 校長ミス·ルイスカラ學校ニ遣ツテ貰ツタノテス.

問：東京ヘ何時行ツタカ.

答：大正4年ノ5月カラテス.

問：歸ツタ上ミス·ルイスヲ訪ネドンナ話ガアツタカ.

答：李太王ガ薨去ニナツテ生徒ガ喪章ヲ着ケタ處, 朝鮮人ノ先生ガ總
督府ノ通知ガアルマテ其儘ニシテ居タ方ガ宜敷カロウト云ツタ爲
メ生徒ガ反感ヲ懷キ, 夫レガ導火線ニナリ學校ニハ惡イ先生バカリ
テ困ルト申シテ談判ヲ持チ込ンテ困リ居ル故, 何卒私ニ學生等ヲ說

イテ生徒側ヲ鎭メテ吳レトノ事テシタ.

問：其方ハ京城ニテ 羅蕙錫ヤ朴仁德等ト朝鮮獨立運動ニ關シ協議シタ
ル由如何

答：3月2日貞洞ノ敎會ニ行キ東京ニ居タ 羅蕙錫ニ會ヒマシタ處, 同人
ガ梨花學堂ニ行クト申スノテ何モ知ラヌ儘一緒ニ行キ某室ニ行キ
マシタ處, 10人位ノ者ガ集ッテ居タノテスガ其日ニ集マル可キ者ガ
全部來ヌ故相談ガ出來ヌト申シテ居リ午ニナッタ由歸リマシタ. 其
際何時ニ集ロウト聞イタ處4日集マレト申シマシタ.

問：同日ニ集マシタカ.

答：同日午後4時頃ニ 梨花學堂ノ某寄宿舍ノ者ニ行キマシタ處已ニ朝カ
ラ集ッテ相談ヲ定メタトノ事テ, 夫レハ同盟休校ト明5日 ノ男學生ノ
獨立運動ニ叅加スルカセヌカトノ事テ, 其中休校ノ方ハ定メタガ5日
ニ叅加スル方ハ未タ定マッテ居ラヌトノ事テアリマシタノテ, 私ハ5
日ニ出テ一度萬歲ヲ叫ンテモ獨立ニナルモノテハナイ故出ナイ方ガ
宜敷カロウト申シマシタガ, 若シ出度クテ致方ナイモノハ出ル事トシ
テ各別個ノ行動ニ出タ方ガ宜敷カロウト申シソウスル事トナリマシ
タ. 其際貞信女學校カラ2人ト 進明女學校カラ2人ト叅加シテ居リ
マシタガ名ハ判リマセヌテシタ. 尙羅蕙錫ハ叅リマセヌテシタ.

問：2日及4日 朴仁德カ居タ事ハ違イナイカ.

答：違イアリマセヌ.

問：2日羅ト 梨花學堂ニ行ク際何ノ爲メ行クノダト思ツタカ.

答：獨立運動ニ關スル相談ダロウト思ヒマシタ. 然シ行クマテ羅ハ何
　　トモ申シマセヌテシタ.

問：4日ノ決議事項ノ中5日ノ男學生ノ獨立運動ニ参加セル事ハ各自ノ
　　自由ニ爲ス事ハ其日参加シタモノガ他ノ學生等へ通知スル筈テア
　　ツタカ.

答：多分左樣テアロウトハ思ヒマスガ直接關係シ居ラヌノテ判リマセヌ.

問：其日 梨花學堂ノ方カラ朴仁德ノ外何人位出席シタカ.

答：ヨク判リマセヌガ3人位ハ居タト思ヒマス.

問：貞信女學校ノ方カラ出タノハ李成光ト蔡桂福テアツタ由如何.

答：左樣テアリマス. 其中ノ李成光ハ私ガ以前敎ヘタ事ガアリ蔡ハ其
　　日挨拶シマシタ.

問：其方ハ東京ノ警視廳へ句引セラレタ事ガアルカ.

答：2月8日引カレマシタ.

問：何ノ爲メ引カレタノカ.

答：東京在住ノ朝鮮ノ女テ組織シテ居タ親睦會ノ會長ヲ私ガ致シテ居
　　ルノテアリマスガ, 今度東京テ獨立運動ヲ企テ宣言書ニ署名シテ居
　　ル者ノ中 尹昌錫ガ東京在住ノ朝鮮ノ女子カラ金30圓ヲ貰ツタト陳
　　述シタノテ, 私ニ聞イタラハ判ルテアロウト事テ取調ヘヲ受ケタ
　　ノテアリマス.

問：東京ノ獨立運動ガ開始セラレタノハ何時カ.

答：本年1月6日ガ始メテアリマシテ神田ノ朝鮮 靑年會館ニ叅ツノテア
　　リマス.

問：其際女子ハ何人行ツタカ.

答：皆女醫學校ノ生徒テ5·6人位集リマシタ.

問：其者等ノ氏名ハ如何.

答：黄愛施德, 盧德信, 劉英俊, 朴貞子, 崔淸淑丈テアリマシタ. 尤モ其
　　日ハ雄辯會ガアルトノ事テ叅ツタノテアリマスガ後ニ獨立運動ノ
　　會議ニナリマシタ.

問：前陳述セシ運動費ヲ提供シタノハ何人カ.

答：劉英俊テアリマシタ.

問：其際 黃愛施德ノ妹黃信德ハ參ラサリシカ．

答：參リマセヌテシタ．

問：其方ガ東京ヲ立ツテ京城ニ歸ル際，東京ノ朝鮮人等カラ東京ノ獨
　　立ノ運動ノ樣子ヲ歸鮮ノ上告ケテ吳レトノ事ヲ賴マレタ由如何．

答：左樣テハアリマセヌ．朝鮮ノ獨立運動模樣ヲ東京ニ知ラセテ吳レ
　　ト賴マレタノテス．夫レハ 黃愛施德カラ2月15日ニ賴マレタ
　　ノテアリマス．其際同人ハ男學生等ニ會ヒテ相談シテ吳レト申シマ
　　シタガ私ハ男學生ト會フ機ガ無イト申シタ處，同人ガ男學生ト會ツ
　　テ來タガ左樣ニ私ニ賴ミ吳レトノ事テアツタト17日私ノ宿ヲ訪ネ
　　テ來テ申シタノテアリマス．

問：黃ト男學生間ニ如何ナル話ヲシタカ知ラヌカ．

答：知リマセヌ．

問：15日黃ヲ訪ネタ時集マツタモノハ何人カ．

答：黃愛施德ノ姉妹ト盧德信ノ3人丈テアリマシタ．

問：其際其方ガ歸國スレハ宜イ機會故東京在住ノ學生ト朝鮮在住ノ學
　　生間ノ脈絡ヲ通スル樣致シ吳レト賴マレタル由如何．

答：左樣テハアリマセヌガ刑事ガアマリ拷問シタノテ塡エラレズ僞リ
　　ヲ申シタノテス.

問：併シ警部ハ左樣ナ取調ベハセヌ筈テアルガ如何.
答：一度申シタ事故致方無カロウト思ヒ刑事ニ申シタ通リ陳ベタノテ
　　アリマス.

問：17日ノ朝其方ガ東京ヲ出發スル際　黃愛施德ハ其方ヲ訪ネテ何カ
　　賴ンタ筈テアルガ如何.
答：其際ハ何モ賴マレマセヌ. 只前申シタ通リ朝鮮ノ樣子ヲ知ラセテ
　　吳レト賴マレタ丈テス.

問：朝鮮ノ狀況トハ如何ナル事ヲ知ラセルノカ.
答：具體的ニハ聞イテ居リマセヌガ, 只朝鮮ニ於ケル獨立ニ關スル運
　　動ノ樣子卽チ朝鮮人間ノ感想ヲ知ラセテ遣レハ宜敷イト思ヒ居リ
　　マシタガ, 男學生等モ已ニ歸鮮シテ居ル事テアロウカラ其方カラ通
　　知セラレ居レハ自分ガ通知ノ必要モアルマイト思ヒ其儘ト致シ置
　　キマシタ.

問：併シ其方ハ京城ニ入ル途中光州ノ姉ノ夫　南宮爀ニ對シテ東　京ノ
　　獨立運動ニ關スル事情ヲ告ケ居ルテハナイカ.

答：其際兄ヨリ私ニ訪ネラレタノテ一度獨立ニ關スル相談ノ席ニ出タ
　　ト申シマシタ處, 兄ガ教師ニナル爲メ留學中ノモノガ政治的ノ運動
　　ニ關係セヌ方ガ宜敷イト注意セラレタ丈ケテス.

問：尚其方ハ 貞信女學校ノ舍監金英順及黃海道信川ナル義兄方合信
　　ニモ東京ノ獨立運動ノ模樣ヲ告ケ居タノテハナイカ.
答：金ハ未タ子供テアッテ何ト申シテモ判ル身テアリマセヌシ方ニ對
　　シハ一寸話シ掛ケタ丈テ直ク止メマシタ.

問：3月3日 貞信女學校ニ其方ヲ黃愛施德ガ訪ネタ由如何.
答：左樣テアリマス.

問：何ノ爲メニ訪ネタノカ.
答：東京ノ留學女學生ノ代表テ 國葬ニ來タノテアルガ1人テハ行カレ
　　ヌ故貞信女學校ノ仲間ニ入レテ吳レト申シテ寄ッタノテアリマス.

問：其際同人ハ朝鮮人ノ獨立運動ニ關スル感想ハドウカト聞カナカッ
　　タカ.
答：已ニ同人ガ3月1日ノ騷動ヲ見テ居ル事故別ニ聞キマセヌテシタ.

問：其際東京及朝鮮間ノ聯絡ヲ取ル樣ナ話ハセナンタカ.

答：何モ話シマセヌ. 私ハ東京カラ歸ッタ後2·3ノ人ニ話シタガ失敗シ
　　タノテ最ウ何モ話シマセヌテシタ.

問：黃愛施德ハ目下何處ニ居ルカ.
答：平壤廣海女院ニ歸ルト申シテ居リマシタ. ヨク判リマセヌ.

問：尙 羅蕙錫ノ申ス處ニヨレハ, 3月2日ニハ其方カラ勵メラレテ梨花學
　　堂ニ行ッタ處同所ニハ黃愛施德, 朴仁德, 孫正順, 安秉淑, 金ハルノ
　　ン, 其他數名集リ居リ, 其際其方ガ第一番ニ昨日ハ朝鮮ノ獨立運動ガ
　　開始セラレ男學生ハ非常ニ運動シ居ル故其儘ニモ出來ヌ故女學生等
　　モ運動セネハナラヌト申シ, 黃愛施德ハ直チニ贊成シタル由如何.
答：決シテ左樣ナ事ハアリマセヌ.

問：其際第一, 婦人團體ヲ作リ獨立ヲ運動シ, 第二, 女子團ト男子團ト
　　ノ間ニ聯絡ヲ取ル事, 第三, 男子ノ團體ニ於テ活動出來ヌトキハ女
　　子ノ團體ガ右ニ代ッテ運動スルト決議シタル由如何.
答：左樣ナ話ハアリマシタガ未決事項テアリマシタ故前程申立ナカッ
　　タノテアリマシタ.

問：其際其方ハ羅ノ費用ニ關スル質問ニ對シ費用ハ海州ニ行ケハ出來
　　ルテアロウト申立タル由如何.

答：左様ナ事ハアリマセヌ.

問：尚其際其方ハ本團體ハ永久ニ存セネハナラヌ故會長, 會計ヲ拵ヘ
　　ネハナラヌト申シタ由如何.
答：夫レハ 黄愛施德ガ申シタノテアリマシタガ只協議丈ケテ決議ハセ
　　ナンタノテアリマス.

問：其際基金ニ就キ各自ノ關係者ヨリ出金セシメル爲メ 羅蕙錫ハ開城
　　及平壤方面ヘ行ッタ由如何.
答：左様ナ事ハ知リマセヌ.

問：其方ガ捕ヘラレタノハ何日カ.
答：本月6日テアリマス.

問：其方ハ何時耶蘇敎ニ入ッタカ.
答：11年前テアリマシテ, ミスタ·ミ イーラノ洗禮ヲ受ケマシタ.

問：被告ハ 總督政治ニ如何ナル感想ヲ懷キ居ルヤ.
答：總督政治ニ關シテハ何等感想ハアリマセヌガ敎育上ノ事ニ就キ不
　　滿ノ點ガアリマス.

被告人 金瑪利亞

右錄取シタル處ヲ讀聞カセタルニ相違ナキ旨承認シ左ニ自署シタリ.

작성일 大正 8年 3月 18日

서기 朝鮮總督府裁判所書記 山縣一男

신문자 朝鮮總督府檢事 山澤佐一郎

出張先ニ係ルヲ以テ所屬官署ノ印ヲ用ユル能ハズ.

(한글, 한자)

金瑪利亞 신문조서(제2회)

金마리아

위 피고인에 대한 보안법 위반 사건에 관하여 大正 8년 3월 18일 京城地方法院 검사국에서

朝鮮總督府 검사 山澤佐一郎

朝鮮總督府 재판소 서기 山縣一男

열석한 후, 검사는 피고인에 대하여 신문하기를 다음과 같이 하다.

문 : 성명을 말하라.

답 : 金마리아이다.

문 : 그대는 東京女子學院의 학생인가.

답 : 그렇다.

문 : 東京을 떠나 京城에 온 것은 언제인가.

답 : 2월 21일이다.

문 : 무슨 볼일로 왔는가.

답 : 貞信女學校 교장이 돌아오라고 편지를 보냈기 때문이었다.

　　그 속에는 학교가 복잡하여 내년 졸업까지는 기다릴 수 없으니 빨리 돌아오라고 쓰여져 있었으므로 三谷民子선생에게 그 편지를 보였더니 귀국하는 것이 좋을 것 같다고 하여 東京을 17일에 출발, 光州의 언니에게 잠시 들렀다가 2월 21일에 京城에 도착했던 것이다.

문 : 그대는 貞信女學校에서 유학시켜 주고 있는가.

답 : 아니다. 미스 루이스가 학교에 보내 주었다.

문 : 東京에는 언제 갔는가.

답 : 大正 4년 5월부터였다.

문 : 돌아와서 미스 루이스를 찾아보고 어떤 이야기를 하였는가.

답 : 李太王이 훙거하셔서 학생들이 상장을 달았는데 조선인 선생이 總
督府의 통지가 있을 때까지 그대로 있는 것이 좋겠다고 하였기 때문에
학생들이 반감을 가졌고, 그것이 도화선이 되어 학교에는 나쁜 선생
뿐이라 곤란하다고 하여 담판을 신청하여 곤경에 처해 있다고 하면
서 아무쪼록 나에게 학생들을 說諭하여 학생들이 진정하도록 해 달
라고 하였다.

문 : 그대는 京城에서 羅蕙錫이나 朴仁德 등과 조선독립운동에 관하여
협의했다는데, 어떠한가.

답 : 3월 2일 貞洞敎會에 가서 東京에 있던 羅蕙錫을 만났던 바, 그가 梨
花學堂에 간다고 하기에 아무 것도 모르고 함께 어느 방에 갔더니
10명쯤의 사람이 모여 있었는데 그날 모여야 할 사람이 전부 오지 않
았기 때문에 상의할 수가 없다고 하였고, 한낮이 되었으므로 돌아왔다.
그때 언제 모이느냐고 물었더니 4일에 모이자고 하였다.

문 : 그날 모였는가.

답 : 그날 오후 4시경 梨花學堂 어느 기숙사에 있는 사람에게 갔더니 이미
아침부터 모여서 의논을 정했다는 것으로, 그것은 同盟休學과 내일 5
일에 남학생들의 독립운동에 참가하느냐, 하지 않느냐에 대해서 그 중
휴교 쪽은 정했으나 5일에 참가하는 것은 아직 정하지 않았다는 것이

었는데, 나는 5일에 나가서 한번 만세를 불러도 독립이 되는 것은 아니
므로 나가지 않는 것이 좋겠다고 말했으나 만약 나가고 싶은 사람은 나
가도록 해서 각각 별개의 행동으로 나가는 것이 좋겠다고 하여 그렇게
하도록 되었다. 그때 貞信女學校에서 2인과 進明女學校에서 2인이 참
가하였으나, 이름은 모른다. 그리고 羅蕙錫은 오지 않았었다.

문 : 2일과 4일에 朴仁德이 있었던 것은 틀림없는가.
답 : 틀림없다.

문 : 2일에 羅와 梨花學堂에 갔을 때 무엇하러 간다고 생각했었는가.
답 : 독립운동에 관한 상의일 것이라고 생각하였다. 그러나 갈 때까지 羅는
아무 말도 하지 않았다.

문 : 4일의 결의 사항 중 5일의 남학생의 독립운동에 참가하는 일은 각자
의 자유대로 한다는 것은 그날 참가한 사람이 다른 학생들에게 통지
하기로 되었는가.
답 : 아마 그랬을 것으로 생각되지만, 직접 관계하고 있지 않았으므로 모
르겠다.

문 : 그날 梨花學堂 쪽에서는 朴仁德 외에 몇 사람 쯤이 출석했는가.
답 : 잘 모르겠으나, 3인쯤은 있었던 것으로 생각된다.

문 : 貞信女學校 쪽에서 나온 자는 李成光과 蔡桂福이었다는 데, 어떠
　　한가.

답 : 그렇다, 그 중에서 李成光은 내가 이전에 가르친 일이 있었고, 蔡는
　　그날 인사했다.

문 : 그대는 東京의 경시청에 구인되었던 일이 있는가.

답 : 2월 8일에 끌려갔었다.

문 : 왜 끌려갔었는가.

답 : 東京에 있는 조선 여자로 조직된 친목회의 회장을 내가 하고 있었
　　기 때문인데, 이번 東京에서 독립운동을 기도하고 선언서에 서명한
　　사람 가운데 尹昌錫이 東京에 있는 조선 여자로부터 돈 30원을 받았
　　다고 진술하고 나에게 물어보면 알 것이라고 하여 취조를 받았던 것
　　이다.

문 : 東京의 독립운동이 시작된 것은 언제인가.

답 : 금년 1월 6일에 시작되었는데, 神田의 朝鮮靑年會館에 갔던 것이다.

문 : 그때 여자는 몇 명이나 갔었는가.

답 : 모두 여자학교의 학생으로, 5·6명쯤 모였었다.

문 : 그자들의 성명은 무엇인가.

답 : 黃愛施德·盧德信·劉英俊·朴貞子·崔清淑 뿐이었다. 그리고 그날
     은 웅변회가 있다고 해서 갔었는데, 뒤에 독립운동 회의가 되었다.

문 : 앞에서 말한 운동비는 누가 제공했는가.

답 : 劉英俊이었다.

문 : 그때 黃愛施德의 동생 黃信德은 오지 않았는가.

답 : 오지 않았다.

문 : 그대가 東京을 출발하여 京城으로 돌아올 때 東京의 조선인들에게
     서 東京의 독립운동 상황을 조선에 돌아가거든 전해달라는 부탁을 받
     았다는데, 어떠한가.

답 : 그런 것은 아니었다. 조선독립운동의 상황을 東京으로 알려달라는
     부탁이었다. 그것은 黃愛施德에게서 2월 15일에 부탁을 받았다. 그때
     그는 남학생들을 만나서 상의해 달라고 부탁했으나, 내가 남학생과
     만날 기회가 없다고 했더니 그가 남학생과 만나고 왔는데 그렇게 나
     에게 부탁해 달라고 했다고 17일 내 숙소로 찾아와서 말했던 것이다.

문 : 黃과 남학생 사이에서 어떤 말이 있었는지는 모르는가.

답 : 모른다.

문 : 15일에 黃을 방문했을 때 모인 자들은 누구였는가.

답 : 黃愛施德 자매와 盧德信 3인 뿐이었다.

문 : 그때 그대가 귀국하는 것이 좋은 기회이므로 東京에 있는 학생과 조선에 있는 학생 사이에 연락이 통하도록 해달라고 부탁을 받았다는데, 어떠한가.

답 : 그런 것은 아니었으나, 형사가 너무 고문하였으므로 견디지 못하여 거짓말을 했던 것이다.

문 : 그러나 警部가 그런 취조는 하지 않았을 것인데, 어떠한가.

답 : 한번 말한 것이기 때문에 할 수 없을 것으로 생각하여 형사에게 말한 그대로 진술했던 것이다.

문 : 17일 아침 그대가 東京을 출발할 때 黃愛施德은 그대를 방문하여 무엇인가 부탁을 했을 터인데, 어떠한가.

답 : 그때는 아무런 부탁도 없었다. 다만 앞에서 말한대로 조선의 상황을 알려달라고 부탁했을 뿐이다.

문 : 조선의 상황이란 어떤 것을 알리는 것인가.

답 : 구체적으로는 듣지 못했으나, 다만 조선에서의 독립에 관한 운동 상황, 즉 조선인 사이의 감상을 알려주면 되지 않을까 생각하고 있었는데

남학생들도 이미 귀국해 있고 해서 그 쪽에서 통지하고 있다면 내가
통지할 필요는 없다고 생각하여 그대로 내버려 두고 있었다.

문 : 그러나 그대는 京城에 들어오는 도중에 光州의 형부인 南宮爀에게
　　東京의 독립운동에 관한 사정을 말하지 않았는가.
답 : 그때 언니가 나를 찾아왔기에 독립에 관한 상담 자리에 한번 나갔었
　　다고 했더니 언니가 교사이므로 유학 중인 사람이 정치적 운동에는
　　관계하지 않는 것이 좋겠다고 주의를 주었을 뿐이었다.

문 : 그리고 그대는 貞信女學校의 사감 金英順과 黃海道 信川에 사는 義
　　兄 方合信에게도 東京의 독립운동에 관한 상황을 말했던 것이 아닌가.
답 : 金은 아직 어리므로 어떤 말을 해도 모를 터이고, 方에게는 조금 말을
　　시작했을 뿐으로 곧 그만두었다.

문 : 3월 3일 그대를 黃愛施德이 貞信女學校로 찾아왔었다는데, 어떠
　　한가.
답 : 그렇다.

문 : 왜 찾아왔었는가.
답 : 東京에 유학하는 여학생 대표로 國葬에 왔으나 혼자 가기는 어려우
　　니 貞信女學校의 동료로 끼워달라고 들렀던 것이다.

문 : 그때 그는 조선인의 독립운동에 관한 소감은 어떠하냐고 묻지 않았
    는가.

답 : 이미 그는 3월 1일의 소요를 보고 있었으므로 특별히 묻지 않았다.

문 : 그때 東京 및 조선 사이의 연락을 취하는 등의 이야기는 하지 않았
    는가.

답 : 아무런 말도 하지 않았다. 나는 東京에서 돌아온 뒤 2·3인에게 말했
    으나 실패하였으므로 더는 아무 말도 하지 않았다.

문 : 黃愛施德은 현재 어디에 있는가.

답 : 平壤 廣海女院으로 돌아간다고 했는데, 전혀 모르겠다.

문 : 그리고 羅蕙錫의 진술에 의하면, 3월 2일에 그대의 권유로 梨花學
    堂에 갔던 바, 그곳에는 黃愛施德·朴仁德·孫正順·安秉淑·金하
    루논·기타 수명이 모여 있었는데, 그때 그대가 첫 번째로 어제는 조
    선의 독립운동이 시작되어 남학생들은 크게 운동하고 있으므로 그대
    로 있을 수 없으니 학생들도 운동하지 않으면 안된다고 했으며, 黃愛
    施德이 곧 찬성했는데, 어떠한가.

답 : 결코 그러한 일은 없었다.

문 : 그때 첫째로 부인 단체를 만들어 독립운동을 하고, 둘째로는 女子團

과 男子團 사이에 연락을 취할 것, 세째로는 남자 단체에서 활동할 수 없을 때에는 여자 단체가 그것을 대신하여 운동할 것을 결의했다는데, 어떠한가.

답 : 그런 말은 있었으나, 미결 사항이었으므로 앞서 진술하지 않았다.

문 : 그때 그대는 羅의 비용에 관한 질문에 대하여 비용은 海州에 가면 될 것이라고 말했다는데, 어떠한가.

답 : 그러한 일은 없었다.

문 : 그리고 그때 그대는 이 단체는 영구히 존속시켜야 할 것이므로 회장·회계를 뽑아야 한다고 했다는데, 어떠한가.

답 : 그것은 黃愛施德이 말했으나, 다만 협의만 했을 뿐 결의는 하지 않았던 것이다.

문 : 그때 기금에 대하여는 각자 관계자로부터 출금케 하기 위하여 羅蕙錫은 開城과 平壤 방면으로 갔었다는데, 어떠한가.

답 : 그러한 것은 모른다.

문 : 그대가 잡힌 것은 언제인가.

답 : 이달 6일이었다.

문 : 그대는 언제 예수교에 들어갔는가.

답 : 11년 전으로, 미스터 미이라의 세례를 받았다.

문 : 피고는 總督정치에 대하여 어떤 감상을 가지고 있는가.

답 : 總督정치에 관해서는 아무런 감상도 없으나, 교육상의 일에 대해서는
      불만인 점이 있다.

피고인 金마리아

위 錄取한 바를 읽어 들려주었던 바, 틀림없다는 뜻을 승인하고 다음에

자서하다.

작성일 大正 8년 3월 18일

서기 朝鮮總督府 재판소 서기 山縣一男

신문자 朝鮮總督府 검사 山澤佐一郎

출장 중인 까닭으로 소속관서의 印을 찍지 못함.

4. 李鍾昈가 安昌浩에게 보낸 서신(북미 ; 1918.7.7)

島山 先生 回鑒

도산 선생 회람

海萍雲藻 聚散 無端 每憶 高情頗極 甚悵耳

해평운조 취산 무단 매억 고정파극 심창이

→ 부평초처럼 떠돌다가 까닭 없이 매번 생각하면 깊은 정이 자못 지극하여 심히 슬픕니다.

君施(군시)하신 후 晝宵(주소) 궁금이옵다가 베라크루쓰 항에서 發付(발부)하신 下書(하서)를 伏見(복견)하옵고, 且(차) 金基昶(김기창)君(군)에게 幾次(기차) 下書(하서)가 有(유)하신 故(고)로 並爲以認安節(병위이인안절)이외다. 謹(근) 未審實熱比酷(미심실열비혹)하온데 旅中 遺體候萬康(여중유체후만강) 寢啖無損(침담무손) 遠慰(원위) 頌祝之至(송축지지)이오며 愚弟(우제)는 率累如姑懷(솔루여고회)이오니 特蒙(특몽) 顧念之德(고염지덕)이외다. 此(차) 中(중)은 諸 團友(제단우)가 姑依毋頉(고의무탈) 이오며 前者(전자) 下書(하서) 中(중)에 此地(차지) 同胞(동포)가 先生(선생)께 對(대)한 動靜(동정)을 觀察爲敎(관찰위교) 此出(차출) 批評(비평)은 全然 毫無(전연호무)이오며 株金(주금)으로 말씀하오면 先生(선생) 發程(발정)하신 후 勞働(노동)이 尤極(우극) 零星(영성)하와 一分

(일분)도 ●捧(봉)이 못 되었습니다. 此(차)는 先生(선생)께서 移座(이좌)함으로 그러함이 아니오 事實(사실)이외다. 그러하오나 不久(불구)에 勞働(노동)이 有勢(유세)하올 것은 確實(확실)하올 것이 這間(저간) 蔴絲(마사)가 不小(불소)한 水沈(수침)을 當(당)함으로 紐約(뉴욕) 콤파니야에서 今年(금년) 內(내)로 蔴絲(마사) 五十萬(오십만) 同(동)을 請求(청구)한 것이 此地(차지) 新報(신보) 上(상)에 ≪逗遛(주유)하시는 住所(주소)를 不知(부지)하와 即時(즉시) 答上(답상)치 못하였읍내다.≫ ≪金仁玉(김인옥)氏(씨)의 農庄(농장)은 間已(간이) 解散(해산)이 되었삽고 至今(지금)은 團友(단우) 李●儀(이●의)君(군)이 農庄(농장)으로 搬移(반이)를 하였습내다≫

大書(대서)로 揭載(게재)가 되였은즉 一回(일회) 우리 事業(사업)에 快(쾌)히 振興(진흥)이 될지 心先稼祝(심선가축)이외다. 今者(금자) 金基昶(김기창)君(군)에 게 發付(발부)하신 下書(하서)를 接讀(접독)하온즉 美國(미국)에 法律(법률)이 改定(개정)이 되와 入美(입미)하시기가 極難(극난)이라 하셨사오니 如此(여차) 絶迫(절박)하온 事情(사정)이 어디 있사오리까 於東於西(어동어서)에 未決(미결)한 事件(사건)은 多疊(다첩)하시온대 我族(아족) 中(중) 無二(무이)하신 先生(선생)께서 一處(일처)에만 頭遛(주유)하시니 우리 韓族(한족)을 上天(상천)이 厭(염)로 하심인가 今番(금번) 金馬利亞(김마리아)에게 賜給(사급)하신 影寫(영사)를 奉見(봉견)하온 즉 支頤(지이)하시고 撮影(촬영)하신 寫態(사태)에 愁雲(수운)이 現出(현출)되었으니 先生(선생)의 勞念(노염)하시는 일을 생각하오면 胸部(흉부)가 깍이고 潛然(잠연)한 淚水(누수)가 眼瞳(안동)을 時時(시시)로 적시옵내다. 愚見(우견)에는 新定(신정)한 法律(법률)이 速(속)히 變更(변경)될 수도 無(무)하고, 또한 自國(자국)의 人民(인민)도 許入(허입)을 禁止(금지)하오니 便是(편시) 大同之患(대동지환)이오 歐洲戰役(구주전역)도 和留(화류)가 沓然(답연)하온즉 此地(차지)로 返施(반시)하시는 것이 萬番(만번) 上策(상책)일까 하오이다. 그러하오나 此地(차지)가 方今(방금) 雨節(우절)을 當(당)하와 氣候(기후)가 大端(대단) 不佳(불가)하온즉 各處(각처)에 地毆(지구)를 廣察(광찰)하신 후 徐徐(서서) 還駕(환가)하옵시기를 伏望望(복망망)하옵내다.

古代(고대)에 曰(왈) 英雄(영웅) 曰(왈) 指導者(지도자)니 各(각) 傳(전)한 列位(열위)의 歷史(역사)를 推閱(추열)하오면 皆是(개시) 許多(허다)한 困難(곤란)을 經過(경과)한 以後(이후)에 成功(성공)의 열매를 得(득)하였는대 或者(혹자) 困難(곤란)을 嘗過(상과)치아니라고 成功(성공)을 得(득)할 수 있을까 하는 妄想(망상)이 腦裏(뇌리)에 ●來(래)한 時(시)가 間或(간혹)있었습니다. 그러하오나 이는 虛影心(허영심)에 無過(무과)하던일이오 於與萬事(어여만사)에 相當(상당)한 ●値(치)가 有(유)한 줄은 覺悟(각오)한지가 不過(불과) 幾年(기년)이외다. 古昔(고석)에 摩西(모세)氏(씨)는 以色列(이스라엘)民族(민족)을 爲(위)하야 曠野之中(광야지중)에 四十年(사십년) 歲月(세월)을 遠望迦南(원망가남)하였으니 這間

(저간)에 幾往簡我之(기왕간아지)이오며 李忠武(이충무)는 倭寇(왜구)를 膽落(담락)할 時(시)에 八年(팔년) 星霜(성상)에 幾多(기다) 困難(곤란)이옵다 障碍(장애)가 萬端(만단)이오나 先生(선생)의 將來(장래) 歷史上(역사상)에 友(우) 一條(일조) 特色(특색)이오 吾(오) 韓族(한족) 中(중)에 遺傳(유전)할 絶念句(절염구)가 되였습내다. 憂慮(우려)치 아니하실 일은 아니오나 河海(하해) 같으신 度(도) 度量(도량)에 萬物(만물) 觸慮(촉려)하시고 我(아) 民族(민족)의 前途(전도)를 爲(위)하시와 尊體(존체)를 時日(시일)로 保重(보중)하옵소서. 自古(자고)로 英雄(영웅)의 前程(전정)은 無非當道難(무비당도난)이오 無非羊腸曲(무비양장곡)으로 아옵내다. 偉人之事業(위인지사업)이 何其(하기) 甚險也(심험야)

四二五一年 七月 七日
團弟(단제) 李鍾昨(이종오) 頓首(돈수)

(한글 번역)

이종오가 안창호에게 보낸 서신

군께서 거처를 옮기신 후 밤낮 궁금하옵다가 베라크루스(멕시코 만에 있는 항구 도시)에서 부치신 편지를 엎드려 뵈옵고, 또 김기창 군에게 몇 차례 부치신 편지가 있는 까닭으로 아울러 편안하신 줄 알았습니다.

삼가 무더위가 극심하온데 여행 중에 몸은 평안하시고 주무시고 드시는 것에 상함이 없으신지요? 멀리서나마 위로하오며 끝없이 송축하오니, 어리석은 동생은 거듭거듭 품어 주시니 특별히 돌보아 주시는 은덕을 입었습니다. 이곳은 여러 동지가 무탈하오며 지난 번 편지 중에 이곳 동포가 선생께 대한 동정을 관찰하여 가르쳤으니 이번에 나온 비평은 전혀 조금도 없으며 株金(주금, 주식에 대해 출자하는 돈)에 대해 말씀하오면 선생이 뜻을 드러내신 후 노동이 더욱 극심히 영세하여 한 푼도 녹봉이 못 되었습니다. 이는 선생께서 자리를 옮기심으로 그러함이 아니요 사실입니다. 그러하오나 오래지 않아 노동이 득세할 것은 확실하올 것이, 요즘 삼에서 뽑아낸 실이 작지 아니한 침수를 당함으로 뉴욕 회사에서 금년 내로 삼실 오십만 동을 청구한 것이 이곳 신문에,

"머물러 계시는 주소를 알지 못하와 즉시 답장을 못하였습니다." "김인옥 씨의 농장은 중간에 이미 해산 되었고 지금은 동지 이●의 군이 농장으로 이사를 하였습니다."

큰 글씨로 게재가 되었은즉, 한 번에 우리 사업에 흔쾌히 진흥이 될지 마음으로 먼저 축하하오이다. 지금 김기창 군에게 부치신 편지를 접하여 읽은 즉 미국에 법률이 개정되어 미국에 입국하시기가 지극히 어렵다 하셨사오니 이와 같이 절박한 사정이 어디 있사오리까. 동서에 해결하지 못한 사건은 많이 쌓였는데 우리 민족 중에 둘도 없는 선생께서 한 곳에만 머무시니 우리 한민족을 하나님이 싫어하심인가? 금번 김마리아에게 주신 사진을 받들어 보오니 턱을 괴시고 촬영하신 사진 속 모습

에 근심의 구름이 나타나셨으니 선생의 수고를 생각하오면 가슴이 깎이고 글썽글썽한 눈물이 눈동자를 때때로 적시옵니다. 어리석은 소견에는 새로 정한 법률이 속히 변경될 수도 없고 또한 자국의 인민도 입국 허락을 금지하오니 이것이 대동의 근심이오, 유럽의 전쟁 지역도 화평의 기류가 무르익은즉 이곳으로도 돌아오시는 것이 만 번의 상책일까 하오이다. 그러하오나 이곳이 방금 우기를 당하여 기후가 대단히 좋지 못하온즉 각처의 지역을 널리 살피신 후에 서서히 돌아오시기를 엎드려 바라옵니다.

고대에 이르기를, 영웅이란 지도자를 말하니 각각 전해지는 여러 위인들의 역사를 살펴보면 모두가 허다한 어려움을 경험한 이후에 성공의 열매를 얻었는데, 어떤 이는 어려움을 맛보지 아니하고도 성공을 얻을 수 있을까 하는 망상이 뇌리를 스칠 때가 간혹 있었습니다. 그러하오나 이는 허영심에 지나지 않는 일이요 만사에 있어서 상당한 가치가 있는 줄은 각오한 지가 불과 몇 년이외다. 옛날에 모세는 이스라엘 민족을 위하여 광야 가운데서 40년 세월을 멀리 가나안을 바라보았습니다. 요즈음에 이충무공은 왜구를 낙담시킬 때 8년 세월에 얼마나 많이 어려웠는지 장애가 수만 갈래였으나 선생의 장래의 역사상에 한 줄기 특색이 되고, 우리 한족 중에 길이 전할 절염할 구절이 되었습니다.

우려하지 않을 일은 아니오나 하해 같은 도량에 만물을 염려하시고 우리 민족의 앞길을 위하시어 존체를 날로 보중하옵소서. 자고로 영웅의 앞길은

환난을 마주하지 않을 수 없고 양의 창자처럼 구불구불하지 않을 수 없는 것으로 아옵니다. 위인의 사업이 어찌 그리 심히 험난한지요.

단기 4251(1918)년 7월 7일

아우 이종오가 머리 조아려 아룁니다.

5. 기독교 신자로 이루어진 조선부인 음모단 체포
- 일본 · 미국보도기사 > 일본보도기사

『朝日新聞』(東京版), 1919년 12월 19일.

▶ 청년외교단의 검거로 내부사정 폭로되어 14명 체포, 수뇌는 묘령의
  여교사

경성을 중심으로 조선 각지의 기독교 신자로 조직된 대한독립애국부인회는
올해 4월 설립 이후 이른바 上海임시정부 및 재외 불령선인(不逞鮮人)*과
기맥을 통하여 경성에 본부, 각도 요지에 지부를 설치하고 항상 청년외
교단이라 칭하는 비밀결사와 연락하며 독립사상의 선전, 불온문서 배포,
회원 모집 및 운동비 징발 등에 종사하였다. 회원은 백 수십 명을 상회하
며 6,000원을 독립운동 자금으로서 임시정부에 제공하는 등 은밀히 활
동하고 있던 것이 바로 청년외교단의 검거, 증거서류의 압수에 의해 발
각되었다. 그 이래 경상북도 경찰부에서 엄중 탐색 중 내부 사정이 판명
되어 11월 28일 각 도 경찰부가 일제히 검거에 착수하고 지난 7월까지
14명을 체포하였으며, 계속해서 잔당 수색 중인데 그들을 합치면 결국
30명 내외의 검거를 보게 될 것이다. 체포된 자 중 주요인물은 다음과 같고,

---

*불령선인(不逞鮮人): 일제 강점기, 불온하고 불량한 조선 사람이라는 뜻으로 일본 제국주의자
들이 자기네 말을 따르지 않는 한국 사람을 이르는 말.

그 외에 각 도의 지부장이 많다.

경성부 회장 기독교장로파 정신여학교 교사 金瑪利亞(26세)

△동 서기 辛義敬(22세)

△동 재무원 張善義(24세)

△동 서기 金英順

△세브란스병원 간호사 李貞淑(22세)

△澤死長 기독교 남감리파 배화여학교 교사 李誠完(23세)

6. 비밀결사의 내부사정 폭로하여 조선의 대 음모단 근저에서부터 전복, 주모자 등 검거

– 일본 · 미국보도기사 > 일본보도기사

출처 : 『讀賣新聞』(朝刊), 1919년 12월 20일.

▶ 특히 주목할 만한 부인의 활동

[京城 전보] 조선 大邱府 내의 기독교신자 부인 중에 애국부인회 명의로 몰래 조선독립회 자금이라 칭하고 금전을 모집하는 자가 있음을 탐지하고 총독부 경보국에서 비밀리에 조사를 진행시켰더니, 이는 올해 4월 이래 각 도에 불령선인으로서 위 명칭의 비밀결사를 두고 근거를 경성에, 각 도에는 지부를 설치하여 독립운동에 분주하며 한편으로는 이와 관련하여 불령선인 남자가 조직한 청년외교단이라 칭하는 비밀결사가 있고 이 역시 같은 계획으로 독립운동을 하고 있음이 판명되었다. 그래서 관계자의 물색과 증거물건의 소재를 고심하여 정탐한 결과 경성 기독교신자 李秉奎의 가택수사를 하여 땅속에 깊이 솥 속에 파묻어 놓은 유력한 비밀문서를 발견 압수하였다. 다시 27일부터 29일까지 청년외교단 총무, 기타 간부 이하 8명, 애국부인회 지부장, 기타 20여 명을 체포하여 대구에 호송하고 미체포자의 검거를 속행하고 있다. 이 두 비밀결사는 다른 사건과도 관계가 있어서 내용이 몹시 뒤섞여 있는데 이번의 검거는 확실하게 그들의 비밀결사를 근저에서부터 파괴한 듯하다. 청년외교단

을 설립한 수괴는 기독교 신자 2명이며 이 두 사람은 上海에 동행, 불령선인단에 투신, 지난 4월 조선에 돌아와 동지를 규합하여 조국의 부흥을 획책할 것을 협의하고 이른바 임시정부의 활동을 응원하여 조선독립에 대해 세계 각국의 동정을 구하기 위해 경성에서의 배일의 거괴 安在浩를 움직여 본 단의 통솔을 의뢰하였다. 安은 일찍이 早稻田대학에 입학한 조선인 유학생으로서 1914년 졸업, 조선에 돌아온 뒤 손병희 이하 33명이 서명에 관여한 독립선언서를 起草하고 구금된 일이 있었다. 그 후 독립운동에 관해 李秉徹 등의 교섭을 받자 본 단의 총무를 쾌히 승낙하였고 또 上海임시정부를 독려할 필요가 있다 하여 동지와 모의한 결과,

    (1) 임시정부 내각의 각 부장은 上海에 집중, 정부의 통일을 도모할 것

    (2) 열국 정부에 직접 외교원을 특파할 것

    (3) 일본 정부에도 외교원을 보내어 독립을 정면에서 요구할 것

    (4) 대표자를 관련 회의에 파견할 것

등에 관한 건의서를 제작하여 각지에 반포하였다.

또 애국부인회의 유력한 관계자로서 체포된 자는 총재 현재 부장 黃元幹[황에스터, 31세], 회장 여학교 교사 김마리아(26세) 외 6명인데, 특기할 만한 것은 운동사건 이래 항상 문제의 초점이 되어 있는 미국인 경영의 경성 세브란스병원 내의 간호부가 다수 관계하는 것이며, 경성은 물론 평양, 대구, 각지의 운동에는 반드시 이 간호부가 관계하지 않는 것이 없다고 한다.

7. "庚申年의 거듭(上)" 「개벽」 제6호, 1920년 12월 1일

해설 :
잡지 '개벽'에 1920년 6월 7일 김마리아, 애국부인회 사건으로 대구지방법원
에서 공판을 받은 사건이 언급됨. 징역 5년을 구형 받았으나 6월 29일 법정에
서 3년 언도를 받음.

잡지명 : 개벽 제6호   발행년월일 1920년 12월 01일
기사제목 : 庚申年의 거듭(上)
필자 : 一記者(일기자)
기사형태 : 소식

본문 :
庚申年의 거듭(上) (경신년의 거듭(상))

一記者
庚申 1년은 이 세계로나 또는 우리 朝鮮으로나 꽤 多事한 年이엇다. 이
제 이 해의 絶頂에 立하야 過程을 回想함에 多少의 感이 업지 못하다.
이제 今年 중 每月에 起한 重大事項 뿐을 사실 그대로 抄記하야 聊히 惜
別의 정을 表하며 7월 이하의 사건은 별로 覆雜한 바 신년호에 계속 抄
記코저 한다.

一月

庚申年은 歐洲大戰이 終熄을 告하고 온 世間이 平和를 復한 제1년으로서 이 해의 首되는 1월중의 新年氣分은 별로 度가 濃하얏다.

和約效果發生

6월은 獨逸로부터 講和條約附屬議定書에 調印을 行하야 和約이 완전히 效力을 發生하게 되엇스며 동시에 日本은 13일로써 平和克復을 宣言하야 朝鮮 內地에도 平和克復祝賀宴이 有하얏스며

三新聞許可

8일은 旣히 當局에 出願 중이던 東亞日報(發行人 李相協), 朝鮮日報(發行人 芮宗錫), 時事新聞(發行人 李東雨)의 3신문이 許可되엇스며

今年度 豫筭發表

10일은 總督府 大正 10年度 豫筭이 發布되엇는데 그 豫算總額은 1억 1666만 2천여 원으로 9年度의 豫算總額 7756만여 원에 比하면 실로 3910만 3천여 원의 增加이라 是는 작년 3월 1일 이후 내외 각지에서 起하는 朝鮮獨立運動 取締에 관한 警務費의 擴張과 笞刑廢止, 敎育擴張 등에 要하는 新經費를 計上하게 된 所以이오. 此 新經費의 補充策으로는 酒稅, 煙草消費稅의 稅率을 引上하얏스며

日米協同關係斷絶

11일부터 西伯利亞 駐屯 米軍 즉 西伯利에 淪落한 捷克民族을 救하고 極東으로 蔓延하는 露西亞 過激派의 勢力을 牽制키 위하야 日英米 3국으로부터 聯合出兵한 그 米軍은 駐屯地로 일제히 撤兵을 開始하야 於

是乎 日米協同關係는 斷絶하얏스며 <60>

17일은 佛國大統領 포항카레 任期滿了代에 新大統領으로 同國下議院長 떼샤넬씨가 當選되엇스며

古史研究會發生

18일은 京城 시내 長春館에 朝鮮古史研究會의 發會式이 有하얏는데 그 내용은 滿洲에 新高麗國을 建設한다는 것이엇다. 本會의 首腦는 鄭安立씨이며 그 背後에는 日本浪人 末永節씨의 劃策이 有하얏다. 本會의 趣旨西를 見하면「우리 神祖 단군끠서 長白山下에 起하야 國號를 정함으로부터 國勢日昌하야 그 疆域은 興安嶺以南, 山海關 以東, 西白利 沿海州를 包有하야 인구 2억을 筭한 바 今日 支那領滿洲及露領沿海의 일부는 우리 先祖의 살림하던 地域인 즉 今에 此의 古史를 연구하야 朝鮮民族의 復興을 策함이라」함이엿다.

國民協會發生

18일은 新日本主義를 標榜하는 國民協會의 發會式이 有하얏는데

總裁에 閔元植, 金明溶, 總務에 鄭丙朝, 黃錫翹, 權泰 諸氏이엇다. 그 趣旨書의 1節을 示하면「日韓 兩國의 合併은 과거의 사실이오. 今에는 合體하야 一國이 된지라 日本은 旣히 舊의 日本이 아니오 朝鮮의 土地와 人民을 包有한 新日本이라. 換言하면 日本民族뿐의 日本이 아니오 日鮮兩民族의 日本이 되엇나니 吾人은 此 事實과 自覺에 立하야 日鮮 民族 共存의 大義를 完케 하고저 함이라」한 바 是 즉 新日本主義의 稱이 有한 所以라

故李太王殿下一年祭

22일은 故太王殿下의 昇遐日에 當함으로 同日 오전 10시 德壽宮 내에서 1年祭를 奉하얏는데 東京에 계신 王世子 殿下와 市內에 계신 李堈公 殿下끠서 共히 不叅(李堈公은 全協 등의 上海奉侍計劃發露로 因하야 외출의 자유를 不得하얏슴으로써 불참)하사 祭式은 자못 쓸쓸하얏스며 市民은 별로 悽愴하얏다.

聯合國最高會議解散

21일은 聯合國最高會議가 解散되다. 是에 先하야 對獨講和條約의 성립과 共히 同講和會議는 解散되엇스나 英佛日伊 4國의 首相으로써 조직된 最高會議가 有하더니 和約議定書의 調印終了에 次하야 此亦解散되고 今後는 駐佛大使會議로써 此에 代케 하얏다.

25일은 市內 明月館에서 大東斯文會의 發會式이 有하얏는대 魚允廸, 鄭萬朝, 洪肯燮, 崔永年, 金正基 諸氏가 그 主要 發起者이며 該會의 목적은 舊日의 儒敎道德 又는 禮制를 復興케 하야 現下에 勃興하는 新道德 又는 新社會制에 對峙코저 함이며 그 배후에는 京城通信社長인 日本人 大垣丈夫씨가 잇다.

姜宇奎事件豫審終了

29일은 작년 8월 1일 新赴任하는 <61> 齊藤總督 一行을 南大門 驛頭에 爆擊하야 20여 人의 重輕傷者를 出하며 一世를 驚倒케 한 姜宇奎 以下 元山 崔子南, 安州許, 烱, 偲富蘭西醫專 學生 吳泰泳 3인에 대한 豫審이 종료되고 京城地方法院으로부터 同有罪에 決定書가 發布하며 內

外 新聞紙는 다토와 此를 보도함에 世人은 그 범인의 大膽勇敢에 喫驚
하얏다. 豫審 有罪決定理由書를 窺하면「姜宇奎는 平南 德川郡 出生으
로 일즉 漢學의 素養이 有하얏스며 30세 頃에 咸南 洪原으로 移住하야
私立學校를 設立하고 洞里 子弟의 교육에 노력하던 중 明治 43년에 日
韓 合倂됨을 見하고 大히 此에 憤慨하야 朝鮮 내에서 생활할 것이 아니
라 하고 그 翌年에 仍히 北間島에 入하야 각지를 巡遊하다가 大正 6년
중 現住所인 吉林省 饒河縣 新興洞애 定住하고 私立光東學校를 設하
고 교육에 從事하얏는데 그 間에 常히 朝鮮獨立을 要望하야 靑年子弟에
게 그 思想을 鼓吹하던 중 작년 3월 1일 孫秉熙, 崔麟, 李昇薰 등 33인
이 起하야 朝鮮獨立을 宣言함을 聞하고 大히 此에 感하야 海叄威 新韓
村에 赴하야 同地老人會에 加入하며 朝鮮을 위하야 활동하기를 誓하고
此의 宣傳에 從事하던 중 朝鮮 內地에서는 長谷川 總督이 引責辭職하
얏슴에 불구하고 齊藤 新總督이 來任한다 함을 聞하고 自思하되 前總督
이 旣히 策이 無하야 그 職을 辭하얏거늘 新總督은 대체 如何한 人으로
如何한 成算이 有하기에 감히 來任하는가 新總督의 來任은 실로 世界의
大勢인 民族自決主義에 反하야 天意에 背하고 人道를 無視하며 2천만
민족을 궁지에 陷케 하는 怨敵이니 余의 一命을 睹하야 新總督을 殺하
야슜 朝鮮人의 熱誠을 表白하야써 朝鮮獨立의 承認을 得케 하리라 하
고 遂히 실행하기로 斷決한 後 仍히 東部 西伯利線烏蘇利驛에서 某 露
人에게서 爆彈을 購入하야 멀리 海叄威로부터 元山을 經하야 京城에 入
하야 遂히 總督을 南大門 驛頭에 邀擊함이라 云云

二月

紀元節日不穩

11일은 神武天皇紀元節이엇는데 市內 각 사립학교에서는 拜賀式을 不行하얏스며 시민은 국기를 揭揚치 아니하고 만일을 慮하는 當局의 警戒도 頗嚴하야 京城市 中 空氣는 적이 不穩하얏스며

18일은 京城地方法院에서 爆彈犯人에 대한 判決 言渡가 有하얏는데 姜은 死刑, 崔는 役3년, 許는 同1년 반, 吳는 同 1년에 처결되엇스며 更히 覆審法院에 控訴하야 26일 제2審의 판결이 有하얏는데 姜, 崔, 許는 前審과 同樣이며 吳泰泳은 無罪로 되엇스며 <62>

日本議會解散

6일에는 제43회 日本帝國議會가 解散되며 貴族院은 停會되다. 今回 議會에는 開會未久에 貴族院에는 呂運亨 문제로 波瀾이 重疊하던 中 原敬首相의 陳謝로 僅히 安定되엇스며 衆議院에는 在野 各黨으로부터 보통선거법안의 제출이 有하얏는데 此 普選施行은 실로 民族政治實現의 第一步라 云할만한 바 日本에 대한 重大문제이라 在野黨과 民衆의 多大數는 此案의 通過를 期하기 위하야 院外의 示威運動이 猛烈하얏스며 뿐만 아니라 이 때에는 日本 각지에 勞働者同盟罷業이 大行하야 그 形勢는 頗히 注目할 値가 有하던 中 遂히 原內閣은 議會解散을 斷行하야 一時 興論의 沸騰을 致하얏스나 未久沈靜을 見하얏더라.

三月

三月一日의 形勢

庚申年 3월 1일은 一般이 知하는 바와 如히 滿1년 전에 朝鮮獨立運動의 第一聲을 發한 그날이라 작년 3월 1일 이래로 그의 운동은 警務當局의 대책이 如何이 嚴密함에 不拘하고 자못 계속적으로 계속하야온 바 3월 1일의 當日에는 반듯이 무슨 운동이 朝鮮全土에 勃發하지 아니할는지 하는 생각은 오즉 當局者 뿐이 아니엇스며 且 2월 25, 6일 이래 京城市內에는 國民大會의 不穩文書의 撒布가 頻頻하야 警察當局은 此의 대책으로 地方警官의 後援을 得하야 1000여명의 警備隊는 光化門大路에 連日作戰練習을 行하얏스며 2월의 末日되는 28일 夕부터 그 警備隊는 4隊에 分하야 徹宵로 시내의 警戒에 當하되 특히 警官으로 小銃隊를 조직하야 要處에 當케 하얏다. 如許한 警備의 嚴重은 그 效가 不虛하야 3월 1일 當日은 별로 大事는 無하얏고 京城, 大邱, 平壤(當日 平壤에는 萬歲運動까지 起하엿다.) 기타 數個 도시에서 撤市를 行하얏스며 京城의 培材, 培花, 平壤의 崇德第三學校에서 학생이 獨立萬歲를 唱하얏는데 此 萬歲事件은 그 後 糾彈을 行하야 右 3學校長에 대하야는 모다 道當局으로부터 就職認可를 취소하얏다.

陸軍大飛行

11일은 京城 所澤間 육군비행기가 汝矣島에 着陸하야 滿都人士의 驚異를 應하얏다. 是에 先하야 8日 朝 所澤으로부터 飛機 5臺가 출발하얏으나 2機는 中道에서 비행을 止하고 3臺가 玄海를 越한 中 又 一機는 洛

東江 沿岸에 不時着陸하고 二機가 10일 大邱에 安着하얏다가 11日 朝
(大邱 至 京城 飛行時間이 2시간 35분이엇다)에 着京한 것이엇다.

獨逸革命勃發

13일 夜에 獨逸에 帝政派의 혁명이 有하야 伯林을 流血업시 占領하고
캇푸博士가 宰相이 되 < 64 > 宰相이 되엇다. 그러나 그 後 不幾日에 帝
政派는 실패하고 전과 如히 에벨로內閣이 執政하얏다. 埃及이 독립을
宣言하다. 卽 카이로立法會議員 52명은 國民黨 首領 바샤氏邸에 開會
하고 英國의 보호에 반대하야 埃及 及 스딴地方의 독립을 宣言하얏다.

四月

言論界大進

1일이라 1월중에 發行許可를 受한 東亞日報와 時事新聞이 창간되다.
是에 先하야 朝鮮日報 又는 2, 3雜誌의 창간도 有하얏는 故로 半島의
言論界는 문득 萬花
俱發의 感이 有하얏스며

會社令笞刑令廢止

尙同日附로 笞刑 及 會社令廢止制令이 발포되엇다. 笞刑은 실로 非文
明의 刑으로 오즉 朝鮮人에게 限하야 施行하야 世間의 非難을 야기하던
바 今에 廢止된 것이며 會社令은 前 寺內 總督時에 制定된 것으로서 諸
多非難中에 在하던 바 今에 廢止되엇는데 그 결과 그 事業이 適法하고
公益에 無害한 者이면 誰이나 자유로 회사를 설립하게 되엇다.

天道敎의 回申日

5일은 天道敎會의 布德 61년 卽 回甲日이므로 同敎의 敎徒 數千은 中央總部에 會合하야 성대한 기념식을 거행하얏다.

愛蘭大騷擾起

愛蘭에 大騷擾가 起하다. 愛蘭의 민족운동은 그 유래가 久하얏스며 大戰 終了이후부터 特甚하던 中 愛蘭 씽페인당은 소요를 起하야 관공서를 습격하며 암살을 자행하야 至是하야 伊後의 愛蘭은 殆히 寧日히 無한 樣이다.

古史硏究會解散

지난 1월중에 發會式을 行한 古史硏究會는 그의 主唱인 新高麗建設이 日支國際間에 滋味업는 일이라 하야 9일 京畿 第3部로부터 解散을 당하얏다.

平壤萬歲運動突發

14일 오후 平壤 西大門通에서 突然 萬歲騷擾가 起하야 시민은 一時撤市를 行하는 등 一時 形勢의 不穩을 묻하얏다.

王世子殿下嘉禮

28일이라 東京에 게시는 李王世子殿下와 梨本宮方子女王殿下와의 婚議는 旣히 3년 전에 酌定된 것으로 太王殿下의 薨御 기타 사정으로 嘉禮를 不行하얏던 바 今回 東京鳥居坂王世子邸에서 燭典을 擧하얏는데 是와 共히 勅令으로써 朝鮮人 政治犯人에 대하야 恩赦減刑을 行하얏다. 그런데 此는 28일까지 판결을 受한 政治犯에 限한 것이엇슴으로 孫

義庵 이외 47인 及 姜宇奎 一派에는 관계가 無하얏스며 당일 京城의 出獄者는 540여 인 이엇는데 그 중에는 執行猶豫 中인 <65> 雲養金允植, 李容植 兩氏가 有하얏스며 그외 각지의 出獄人이 續出하야 당시의 朝鮮山河는 愛兒야! 吾兄이어! 잘 잇섯더냐. 無欠하섯소?」의 주고밧는 늑김의 우숨과 눈물에 떠나가는 듯 하얏다.

武裝團穩城侵入

30일이라 對岸武裝團體 500여명 穩城郡 侵入狀況이 警務局으로 발표되엇다. 盖昨年 3월의 萬歲騷擾는 문득 在外 朝鮮人에게 影響을 及하야 露支, 米에 在한 朝鮮人團體는 다 各히 相當運動을 策하는 中西間島, 北間島의 不穩鮮人은 別로 무기를 준비하야 崔明祿, 梁河清을 首領으로 한 約500의 武裝團은 去3월 10일 以降 5,6차 穩城郡을 侵入하야 警備隊와 戰鬪를 行한 것이엇스며 當局發表에 의하면 양측의 死傷은 別無하다 하얏다.

五月

崔在亨銃殺

이 달 劈頭에 崔在亨 외 3명 銃殺의 報가 有하얏다. 崔는 元 上海假政府 財務總長으로서 海參威 新韓村에 居留하던 중 先者海參威過軍의 衝突로 日軍이 新韓村을 占하게 되매 崔는 니코리스크로 逃避하얏던 바 今回 逮捕銃殺된 것이며

朝鮮學生大會

9일에는 朝鮮學生大會의 創立總會가 잇섯는대 高元勳, 張德秀, 任璟宰 외 諸氏가 其贊成員이 되얏스며

咸鏡線開通式

16일은 咸鏡線의 일부 元山 咸興 間의 鐵道開通式이 有하얏스며

伊國飛機來朝

23일 오후 伊太利 비행기가 京城 汝矣島에 着하다. 이 비행은 멀리 羅馬 서울을 發하야 104일의 時日, 150만원의 금액을 費하며 3만 3천리의 空 中을 飛翔하야 이날에 후에라인, 마세로 兩 中尉가 京城에 出現하얏는 데 兩 中尉는 28일 大邱를 經하야 日本을 향하다.

姜宇奎死刑確定

27일 高等法院에서 姜宇奎 上告가 棄却되며 사형이 확정되다. 그는 자 기의 親子 重建에게 遺言하야 朝鮮청년의 교육에 관한 부탁을 다시금 하얏는데 그의 손으로 親設한 학교가 朝鮮內外를 通하야 6個所에 達하 얏다.

31일이라 先月 王世子殿下嘉禮를 위하야 東上하얏던 齋藤總督이 歸任 하다. 또 同日 京城地方法院에서 유명한 水原事件判決이 有하얏는대 洪 *, 王光演, 洪*玉, 文相翊 4인은 懲役 각 12년 그 외 金明濟 이하 17 인은 10년 이하의 役을 當하얏는데 그 후 控訴 또는 上告를 行하얏스나 결국 초심대로 되엇다. 그런데 이달 중에 特殊한 <66> 현상이라 할 것 은 諸多新宗敎의 發興이니 曰靑林, 曰濟世, 曰太乙, 曰三聖無極, 曰統

天, 曰濟愚, 曰崇神人組合 등은 대개 이달 중에 蔚起하얏다. 右新敎 중에는 從來부터 民間에 潛勢力으로 존재하던 것이 當時 結社流行의 風潮와 共히 單히 사회에 顯出한 것도 有하며 또는 幾個人의 發起로서 보통회사를 組織하듯이 創立한 것도 有한 바 如何간 일종 奇現象인 중에도 可觀인 것은 所謂 崇神人組合이엇다. 초에 日本人 小峯源作이 近年以來 天道敎의 氣勢漸隆하야 각지의 布敎가 日盛함을 見하고 該敎會의 分裂策을 取하기 위하야 天道敎와 第一世敎祖를 同戴한 濟世敎를 復起하야 大히 宣傳策을 取하얏으나 別로 影響이 無한 故로 更히 太乙敎濟化敎를 이용코저 하다가 亦成功치 못하고 窮餘의 窮策으로 舊來의 妖魔한 巫黨派를 聯結하야 遂히 崇神人組合이란 것을 設하얏는데 今日까지 경찰의 取締로 頭를 擡치 못하던 巫黨派는 此機可乘이라 하야 京城의 數個所에는 崇神人組合 致誠堂이란 간판을 걸고 公公然 꿍덩실거리는 樣이다.

六月

愛國婦人會事件判決

7일 大邱地方法院에서 大韓靑年外交團及大韓愛國婦人會의 사건판결이 有하얏는데 同會幹部인 安在鴻, 金瑪利亞, 白信永 3인에게는 각 懲役 3년을 言告하얏다.

12일은 孫義庵의 病勢益篤과 共히 保釋問題가 盛傳하얏스나 실현되지 아니하얏스며 더욱 同日은 客春以來 早魃中甘雨가 大降하얏다.

18일은 朝鮮民團이란 단체가 創設되고

20일은 佛敎靑年會가 출현되다. 是에 先하야 불교에는 개종문제가 起하야 사회의 논의가 盛行하얏다. 그 진정 內幕의 如何는 詳知할 수 업스나 朝鮮佛敎維新主唱者의 一人인 李晦光씨는 日本人 僧侶 後藤瑞岩씨와 結託하야 朝鮮의 불교를 日本의 妙心寺 臨濟宗派에 付屬케 하기로 한 바 遂히 全鮮 6천 僧侶의 반대가 起하야 事가 中途에 敗하얏는데 또 그러한 事件도 有하야 그의 일종 反對的으로 佛敎靑年會가 생긴 觀이 有하다 一般은 觀測하얏다.

開闢雜誌創刊

15일 開闢雜誌 제1호가 創刊되엇다.

朝鮮敎育會創立

26일 京城 內 尹致昭씨 家에 朝鮮敎育會의 創立總會가 有하얏스니 회장 李商在, 부회장 金思黙, 이사 兪鎭泰씨 외 14인, 評議員 張薰, 兪星濬, 金思容씨 외 19人인 바 敎育界 아니 有志人士를 <67> 殆히 網羅하얏스며 그 목적은 우리 現下의 교육문제를 사회적으로 해결하자는 훌륭한 바 世人은 斯에 대한 期望이 多한 동시에 同會의 有名無實에 不終하기를 切祝한다 하얏다.

鄕校財産還付

29일 鄕校財産管理令規定 改正이 總督府로부터 發布되어 儒生의 驚喜는 자못 極에 達하얏섯다. 원래 鄕校財産은 1년 歲入이 26만여 원의 巨

額에 達하는 중 여태까지는 그 중 17만 7천여 원을 각지 公立普通學校 費로 지출하던 바 今回同規定의 改正으로 그 全額을 鄕校經費에 사용하게 되엇다. 그런데 改正의 이유는「지금은 朝鮮도 幾多外來思想의 侵入과 共히 舊道德이 墜地하여 人倫이 解弛코저 하는 바 此際東洋道德의 本宗인 儒敎를 扶植하야 新舊道德의 調和를 試한다」함이엇다. 그런데 鄕校財産還附는 그 이유의 如何에 不拘하고 知識階級은 不贊成의 意를 表하얏다. 당시 東亞日報는 그 社說로써 論評하얏스니 曰學校費에 充하던 部分까지를 今回返還케 하야 특히 儒敎의 儀式을 保障하야써 儒敎를 國敎 모양으로 見함과 如함은 信仰自由인 萬國立法의 정신에 反함이며 進하야는 進步라 하는 朝鮮社會를 封鎖하야 啓蒙運動을 沮戱함이라 하얏다.

同盟休校運動

月初부터 각 私立學校 즉 京城의 徽文養正, 延禧諸學校와 平壤의 崇實, 平北의 宣川의 信聖學校 등 諸 校 학생의 同盟休校運動이 續起하야 世間의 一問題가 되엇다. 是는 昨年以來 一般 朝鮮同胞의 覺醒은 可驚하리만콤 顯著하야 그의 顯例는 就學熱의 沸騰으로 표시되며 각 학교의 生徒는 前例에 無하리만큼 增하얏스나 학교당국側의 新施設은 此에 不伴한 바 遂히 일반학생 측의 불평을 招한 바 遂히 그러한 운동을 惹起한 것이엇다. <68>

(下略)

8. 유자명 수기

해설 :

유자명 수기(대한민국 임시의정원 충청도 대표였다. 외교청년단 단원으로 조선에서 비밀조직인 외교청년단과 애국부인회의 활동을 소개하고 있다.

 또한 김마리아가 대구 감옥에 갇혀있을 때, 친구였던 나혜석이 감옥에 찾아가 김마리아를 만나고 돌아온 후 감정을 신문에 기고했던 일을 또한 적고 있다. - 편집자 註)

본문 :

1) 동방의 먹구름과 여명

나는 1894년 1월 13일 갑오년(甲午年) 중일전쟁(中日戰爭) 시대에 조선 충청북도 충주군(忠州郡) 이안면(利安面) 삼주리(三洲里)에서 태어났다. 나의 성은 류씨(柳氏)이고 어릴 때 이름은 흥갑(興甲)이라고 하며 학생 때 이름은 흥식(興湜)이라고 하였다.

나의 아버지는 4형제 중 셋째인데 큰아버지의 이름은 인근(仁根), 둘째아버지는 의근(義根), 아버지는 종근(鍾根), 넷째아버지는 완근(完根)이라고 하였다. 아버지의 4형제가 각각 집을 나누어서 살림을 하게 되었다.

(中略)

그 이튿날 나는 이병철(李秉澈)을 찾아가 보았다. 그도 고향이 충주이고 내가 정운익의 집에서 기숙하고 있을 때부터 그와 친하게 된 것이다. 그 때 이병철은 상해방면과 연락이 있었다. 당시 서울에서의 혁명운동은 비밀한 조직 운동과 선전활동의 두 방면으로 발전되고 있었다. 비밀한 조직은 외교청년단(外交靑年團)과 애국부인회(愛國婦人會)가 있었는데 이 두 단체는 서로 긴밀하게 연결되고 있었다. 외교청년단은 당시 프랑스 파리에 대한민국임시정부의 외교부장 김규식(金奎植)이 조선의 정식 대표로 되었고 조용은(趙鏞殷)이 부대표로 되어 파리에서 활동하고 있었는데 청년외교단은 우리의 외교대표단을 지원하기 위하여 조직된 것인데 이병철과 김태규(金泰奎)와 나와 조용주 등으로 조직된 것이다. 애국부인회는 최숙자(崔淑子), 김원경(金元卿), 백신영(白信永), 김마리아(金瑪琍亞)들로 조직되었다. 그 해 5월에 나는 상해에서 돌아 온 임득산(林得山)을 애국부인회의 최숙자의 집에서 만나 보았다. 그는 평양을 거쳐서 서울로 왔는데 평양에서 조직된 애국부녀회에서 모집하여 임득산에게 준 금과 은으로 만든 장식품을 한 가방이나 가지고 와서 애국 부인들에게 보여 주면서 평양의 부인들이 독립운동을 위하여 열성적으로 활동하는 정황을 말하였다.

그래서 서울의 애국부인회에서도 그와 같은 귀중한 물품을 모집하여 임득산에게 주는 동시에 김원경을 애국부인회의 대표로 하여 임득산과 함께 상해로 보냈다.

(下略)

3) 상해로부터 한성에 돌아와서

나는 어느 날 임시 의회에서 강태동(姜泰東)을 만나게 되었다. 그는 내가 수원농림학교에서 학습하고 있을 때 동학인 강석린(姜錫麟)의 형이다. 그는 1910년 7월에 일본의 육군대장 데라우치(寺內正毅)가 한국 통감으로 되면서부터 안창호·이동녕·유동열 등과 같이 일본 헌병대에 잡혀 갔다가 8월 29일에 '일한합병조약'이 공포된 뒤에 헌병대에서 석방되었다.

(中略)

나는 서울 남대문 정거장에서 내려서 전차를 타고 내 아버지의 동창 친구인 김노석(金老石) 노인이 있는 집으로 갔다. 노석 노인은 그의 친척인 김병룡(金秉龍)의 집에 있었다. 노석 노인과 김병룡은 나를 특별히 환영하였다.

나는 거기서 하룻밤을 쉬고서 내 동창인 강석린의 집으로 가서 강태동과 김한의 주소를 알게 되었으며 그들이 있는 주소로 가서 그들을 만났다. 그 때에 이병철과 김태규(金泰奎)는 외교청년단의 사건으로 인하여 대구 일본법정에서 유기징역[徒刑]을 받고 대구 일본감옥에 갇혔으며 애국부인회의 김마리아와 백신영도 유기징역으로 대구감옥에 갇혔던 것이다. 외교청년단과 애국부인회는 자매적(姉妹的) 조직으로서 서로 친밀하게 단결되었던 것이다.

그 다음날 나는 김태규의 집에 가서 그의 아버지 김응룡(金應龍)과 어머니 신정균(申貞均)을 만났다. 그래서 그 분들은 나를 자기의 아들이 돌아온 것 같이 반가워하였으며 나를 자기의 집에 있게 한 것이다. 내가 김태규의 집에 있게 됨에 김한도 그 집에 와서 나와 같이 생활하면서 같이 활동하게 되었다.

(下略)

6) 천진에서

1923년 겨울에 나는 고광인과 함께 천진에 와서 영어를 배웠었다. 그 때에 고광인은 영어전문학교에서 영어를 배우고 김상훈과 김병옥은 미국 여사가 열어 놓은 영어학습반에서 영어를 배우고 있었다.

(中略)

7) 광범한 연락과 심각한 경험

의열단은 1923년 여름에 남정각(南廷珏)과 나를 서울과 단동으로 보내서 김한과 같이 의열단 활동에 대하여 상의한 뒤에 상해에서 폭탄과 권총을 준비해 놓고 1924년 겨울에 또 다시 남정각과 박기홍(朴基洪)을 서울로 보내서 김한과 같이 상의한 결과 황옥(黃鈺)과 유석현(劉錫鉉)과 함께 네 사람이 천진으로 돌아왔다.

남정각은 상해로 가고 그 밖에 세 사람은 천진 프랑스 조계 중화여관(中和旅館)에서 남정각을 기다리고 있었다. 남정각은 상해로 가서 김약산과 한봉근(韓奉根)과 함께 폭탄과 권총을 가지고 천진으로 가서 중화여관에서 기다리고 있던 세 사람과 함께 활동해 온 경과와 앞으로 활동을 말하였다. 황옥은 경기도 경무국의 고급 정탐으로서 독립운동자들과도 비밀한 연락을 하고 있어서 내가 서울에서 김한과 같이 활동하고 있을 때에 나도 그를 만나 보았었다.

그런데 황옥이 이번에 천진까지 오게 된 것은 폭탄과 권총을 안전하게 운송하기 위해서이다. 그 때에 일본 정부의 단동 영사는 김우영(金雨永)이었는데 김우영은 동경제국대학을 졸업한 뒤에 서울에서 변호사로써 직업을 삼고 서울 종로거리에 '법학사 김우영 변호사 사무소'라는 간판을 걸어 놓았던 것이다. 그래서 황옥은 직업의 관계로 인하여 김우영을 알게 되었으며 또는 두 사람이 다 같이 조국의 독립을 희망하게 되어 두 사람 사이의 관계는 더욱 친밀하게 된 것이다. 그래서 화황옥은 남정각과 유석현과 같이 단동을 지날 때에 김우영의 숙사로 찾아가서 그를 만나보고 남정각과 박기홍을 그에게 소개해 준 것이다.

김우영의 부인 나혜석(羅惠錫)은 애국부인회의 김마리아와 친한 관계가 있어서 김마리아가 애국부인회사건으로 대구 일본 감옥에 갇혔을 때에 나혜석은 서울로부터 대구까지 가서 김마리아를 철창 밑에서 만나보고 돌아와서 뜻 깊고 감정 찬 「김마리아 방문기」를 써서 신문에 발표했었다.

나도 그 때 서울에서 그의 글을 보게 되어서 깊은 감동을 느꼈던 것이다. 유석현은 내가 충주공립보통학교에서 글을 가르치고 있을 때에 나의 학생이었다. 그는 천진까지 와서 나와 서로 만나 보지 못하게 된 것을 유감으로 생각하였던 것이다.

폭탄과 권총은 황옥이 가지고 유석현, 남정각, 박기홍과 함께 단동으로 가서 나혜석의 숙사에서 하룻밤을 쉬고 그 이튿날 아침에 기차를 타고 갈 적에 나혜석은 폭탄과 권총을 감춰 놓은 여행대에 '단동 영사관'이라고 쓴 종이쪽을 붙여 주었던 것이다. 폭탄과 권총은 황옥이 가지고 네 사람이 각각 다른 차 칸에 앉아서 안전하게 서울까지 도달하였다.

폭탄과 권총을 서울에 갖다 놓은 뒤에 활동할 경비가 없었다. 활동 경비가 없었을 뿐만 아니라 몇 사람의 생활비도 곤란했다. 그 때에 황옥의 친구인 진모(秦某)가 한성지방법원의 법관인데 황옥은 "그에게 가서 돈을 빌어다 쓸 수 있다"고 하였다. 그래서 남정각과 유석현은 그 이튿날 밤에 진모의 집으로 찾아 가서 진모를 만나보고 곤란한 정형을 말하고 "돈을 좀 도와 달라"고 하였다. 진모는 "지금 내 집에도 돈이 없다"고 하면서 "내일 저녁에 오라"고 하였다. 남정각과 유석현은 진모의 말을 참으로 믿고 그 이튿날 저녁에 또 다시 진모의 집으로 갔다. 그 때에 진모의 집에서 일본 경찰서 특무 두 놈이 기다리고 있었다. 그 결과로 전부의 계획이 실패하게 된 것이다. 그래서 그 때에 일본 경찰에 잡혀간 동지들은 황옥, 유석현, 남정각, 박기홍, 김한, 나혜석 등이었다.

(下略)

9. 임시의정원 회의에서 황해도 대의원으로 선출

凑十五名ニテ記名單記式ニ投票ヲ次テ金

仁奎全院李員長ニ當選シ引續キ議員

タルニ金遠槙、李乗徹、金鎮桐、張鵬ノ

辭免ヲ議ニシ之ヲ為シ議員缺員中ニ付

向四日間休会シ上ヲ告ケ午后四時閉会ス

三、茶二日夕ル二月十八日午后二時三十分議長

洪鎮ヲ開会ヲ宣ニ出席者十三名ニテ米

倒李乗晩、布哇民團長閔燦鎬、美国

ニ弁分ㇷ共同会ヨリ議政院開会ニ対

シ税電アリㇳ旨ヲ付達シ次ノ事項ヲ

決ス

補缺議員ノ資格トシテ金ㇵリㇳ金九

黄中顯、閔忠植、張鵬ニ適任トシテ推

10. 高警 제4071호. 상해정보1

大正 11(1922)년 12월 25일

1. 여운형 등이 조직한 노병회에서는 자금을 모집하는 동시에 한편 무직의 청년을 구제한다고 칭하며 이미 모집한 100여 원의 자금으로 약간 명의 청년을 河南 · 四川 방면에 파견하여 중국 육군에 넣게 한다고 공공연하게 말하고 있다고 함. 그들은 吳佩孚 및 馮玉祥과 연락을 취한 형적이 있지만 지난번 馮이 檢閱使가 되어 營을 南苑에 옮기고부터 그들은 적지 않게 실망하였고 현재 安定根 · 吳永善을 천진 방면에 파견하여 그 지방 불령선인과 연락하여 뭔가 획책하고 있다고 함.

2. 독립신문은 종래 프랑스조계 辣倍德路 友記里 2호에서 발행하고 있는데 지난번 동 조계 薩坡賽路 永吉里 59호로 이전하였음.

3. 올해 8월 1일 발행 등사판 인쇄 『極光』 창간호를 북간도 방면에서 입수하였는데 발행소는 상해 극광사이며 그 창간사에 따르면 점진적 온건주의를 배척하고 독립급진주의를 주장하며 또 공산주의의 색채를 띠는 것이라 인식됨.

4. 교민단에서는 11월 21일 삼일당에서 개천기념식을 거행하였음. 참석자는 200여 명. 먼저 민단 총무 楊濟憲의 사회 하에 애국가를 합창한 다음 동인의 式辭가 있었고 이어서 박은식은 단군의 역사를 강연하였으며 趙琬九 역시 이를 부연하였음. 맨 마지막에 안창호는 오늘을 축복하기 위해 동포는 구태를 벗고 일치단결하여 □□하게 진력하여야 한다는 뜻의 연설을 하였으며 일동은 만세를 부르고 폐회하였다고 함.

5. 불령선인 중 주요한 자의 근황

가. 金元鳳(若山)·宋虎 등은 지금 여전히 상해에 있지만 있는 곳을 비밀로 하며 다만 식사만은 沓益里 16호에서 하고 있다고 함.

나. 田中 대장 저격 범인 吳成崙의 도주사건에 관계가 있다고 지목되는 朴觀海는 현재 蘇州 晏成學校에 재학 중임.

다. 金瑪利亞는 남경기독여학교 재학 중인데 그는 조선 내 모 애국부인회와 연락을 취하고 있다는 설이 있음.

라. 김구는 永慶坊 10호에 이거하였고, 전에 동 號에 재주하던 망 金嘉鎭의 2남 毅漢은 洪鎭 및 金庸源(전에 四川省으로 갔는데 최근 상해로 돌아왔다고 함)과 함께 昌盛里로 이전하였다고 함.

마. 전부터 사천 방면에 가 있던 羅昌憲은 지난번 상해로 돌아와 여전히 프랑스조계에 숨어있다고 함.

발송처

　내각총리대신, 외무대신, 警視總監, 拓殖사무국장, 경보국장, 關東廳 경무국장, 天津영사, 安東 · 鐵嶺 · 滿洲里 영사

　조선군 사령관, 同 헌병대 사령관

　총독, 정무총감, 재무국장, 법무국장, 참사관실, 고등법원 복심법원 검사장, 지방법원 검사정, 각 도지사, 각 파견원

■ 日本外務省 外交史料館 文書.

11. 國民代表會에 관한 件

해설 :

일본 조선총독부 경무국은 한국의 독립운동을 조사하여 본국의 외무차관에 보고서를 올리고 있었다. 1923년 1월 9일 보고서에는 국민대표회에 대표가 결정이 되지 않았으나 상해에 도착한 사람들을 파악하였다. 이중 김마리아는 韓國愛國婦人會 代表이고, 중국 남경 기독여학교에서 수학하고 있다. 이때 金順愛(김순애)는 上海愛國婦人會 代表이고 그녀는 吉祥里 十五號에 거주하고 있다.

본문 :

國民代表會에 관한 件(『韓國民族運動史料』中國篇, 1923. 1. 9)

國民代表會에 관해 一九二三年 一月 九日字로 朝鮮總督府警務局長이 外務次官에 通報한 要旨.

國民代表會에 관한 件.

旣報한 上海 國民代表會는 임염(荏苒) 時日만 經過하고 何等 實現하는 바가 없으므로 各地에서 來集한 代表者들은 그 無爲함을 보고 心中 甚히 不快를 느끼어 가만히 撤收를 決心한 者가 있는 等 人心의 倦怠에 현저(顯著)한 것이 있으므로 準備委員 等은 士氣 挽回를 目的으로 十二月 十九日 밤 永安公司內 大東旅舍에 各代表者를 招請하여 饗宴을 베풀었

다고 한다.

如斯히 一般狀況이 이 以上 會期의 遷延을 不許하는 것이 있으므로 因
해 主催者들은 十二月 二十七日 三一堂에서 國民代表會豫備會를 열고
衆議를 물은 結果 드디어 一月 三日을 期해 正式으로 代表會議를 열기
로 決定하고 議事는 絶對 秘密에 부쳐 누구도 傍聽을 不許하기로 하였
을 뿐 아니라 前述한 豫備會의 決議도 發表를 禁하고 警護員으로 하여
금 平素 容疑人物을 物色하여 嚴密한 監視를 하게하고 極力 內容의 漏
洩을 막았다. 그리고 一月 三日의 會議에는 먼저 代表의 資格審査를 行
하고 또 政治·軍事·財政·軍資委員部를 設置하고 各委員을 選定하
였는데 重要地인 上海地方代表가 尙今도 選出되지 않았기 때문에 本
會議를 열기에 이르른 것 같고 安昌浩(안창호)를 臨時議長으로 하였는
데 먼저 同會의 主目的인 政府改造問題에 관해 咸鏡·慶尙·露領(러시아
령)의 代表는 從來의 政府를 四年 以前으로 거슬러 올라가 全然 根底
서부터 打破하고 새로이 政府를 組織하여 南亨祐(남형우)·金東三(김
동삼)·李靑天(이청천)·姜九禹(강구우)·申肅(신숙)·尹海(윤해)·元
世勳(원세훈) 等을 入閣케 하려는 野心이 있고 이에 反해 西間島·平安
其他 代表는 從來의 政府는 依然 繼承하고 衆望이 있는 人物을 選擇하
여 단지 改造에 그쳐야 한다고 主張하는 等 벌써 意見의 衝突을 招來하
여 畿湖咸鏡 및 慶尙·平安의 三派는 마치 소용돌이처럼 暗鬪를 시작하
여 그 中에는 代表會 成立조차 反對하는 者도 있어 前途는 容昌히 豫測
할 수 없는 것이 있는 同時 臨時政府擁護派 一黨은 全力을 傾注하여 攪

亂에 힘쓰려는 形勢가 있고 籌備會側 또한 死力을 다하여 反對派의 撲滅을 企圖하여 경우에 따라서는 非常手段도 不辭할 覺悟가 있는 것 같아 兩派는 虎視耽耽 서로 策戰을 꾸미고 있어 本代表會를 中心으로 하여 一大紛擾가 現出할 形勢에 있다.

이보다 앞서 籌備會側에 있어서는 本會議에서 李東寧(이동녕)·李始榮(이시영)·朴殷植(박은식) 等 十數人으로 된 元老院과 尹海(윤해)·元世勳(원세훈) 外 三名으로 된 委員部를 設置하여 最高機關을 組織하려고 內定하고 있었다 하며 이에 參加하지 못한 籌備會員은 多大한 不滿을 품는 同時 各地 代表者 中에도 自己의 意見과 籌備會側의 計劃과 一致하지 않은 것이 있어 狀況에 따라서는 急速히 撤收할 수 있게 몰래 旅費調達을 한 者도 있는 等 이미 紛擾를 일으킬 氣勢가 있고 한편 上海僑民團에서 選出할 代表者의 件에 관하여는 孫貞道(손정도)·車利錫(차리석)·金弘叙(김홍서)·梁憲(양헌)·李鐸(이탁) 等 五名을 詮衡委員으로 하여 人選케 하기로 하였으나 일찍이 民團常議員 中에는 上海와 南京 兩地에서 代表者를 겨우 ·一名으로 指定한 것은 不條理일뿐 아니라 本民團은 元來 臨時政府 內務部에 屬한 機關이므로 政府에서 代表會를 容認하지 않는 以上 代表者를 選出할 수 없다고 主張하는 者가 있어 여러 가지로 內訌의 結果 總務 楊濟時(양제시)는 드디어 辭職하지 않을 수 없게 되어 十二月 二十九日 다시 當議員會를 열려고 하였으나 出席者가 없어 流會되고 계속 紛爭을 거듭하고 있어 代表者의 選定은 當分間 可望이 없다고 한다. 덧붙이면 各地 代表者로 그 後 上海에 到着한 者는 다음과 같다.

代表別 姓名 滯在地

北間島國民會代表 李致龍(이치용) 崇山路二二號

北間島獨立國代表 李貞鉉(이정현) 不明

中東線靑年會代表 崔大甲(최대갑) 寶康里八號

西間島軍政署代表 李震山(이진산) 福康里一八號

西間島統義府代表 崔天浩(최천호) 友記里二號

西間島光復軍代表 楊承裕(양승유) 友記里二號

西間島光復軍代表 張德震(장덕진) 友記里二號

西間島韓族會代表 金衡植(김형식) 友記里二號

露領(러시아령)黑河地方代表 白洛鉉(백락현) 友記里二號

露領(러시아령)沿海州地方代表 金鍾(김종) 友記里二號

露領(러시아령)後貝加爾地方代表 大龍瑎(대룡해) 寶康里八號

露領(러시아령)水淸靑年會代表 黃郁(황욱) 寶康里八號

露領(러시아령)大韓革命軍代表 崔忠信(최충신) 寶康里八號

露領(러시아령)外水淸高麗革命軍代表 張大成(장대성) 寶康里八號

露領(러시아령)革命獨立聯隊代表 李春野(이춘야) 寶康里八號

上海愛國婦人會代表 金順愛(김순애)(女子) 吉祥里十五號

上海天道敎代表 申肅(신숙) 吉祥里十五號

上海新韓靑年會代表 金奎植(김규식) 吉祥里十五號

北京地方代表 朴健秉(박건병) 寶康里一五號

北京地方代表(代表團體不明) 金甲(김갑) 不明

露領(러시아령)老人團代表 韓泰雄(한태웅) 寶康里二三號

露領(러시아령)西伯利(시베리아)西部代表 張健相(장건상) 寶康里八號

露領(러시아령)西伯利(시베리아)地方代表 金應燮(김응섭) 寶康里八號

露領(러시아령)革命軍代表 李成(이성) 寶康里八號

韓國愛國婦人會代表 金瑪利亞(김마리아)(女子) 南京基督女校

布哇(하와이)地方代表 李尙浩(이상호) 寶康里一五號

美領(미국령)地方代表 安昌浩(안창호) 吳興里六九號

(한글)

국민대표회에 관한 건('한국민족운동사료'중국편 1923년 1월 9일)

국민대표회에 관해 1923년 1월 9일자로 조선총독부경무국장이 외무차관에 통보한 요지.

국민대표회에 관한 건.

이미 보고한 상해 국민대표회는 임염(荏苒) 시일만 경과하고 하등 실현하는 바가 없으므로 각지에서 모인 대표자들은 그 무위함을 보고 심중 심히 불쾌를 느끼어 가만히 철수를 결심한 자가 있는 등 인심의 권태에 현저한 것이 있으므로 준비위원 등은 사기 만회를 목적으로 12월 19일 밤 영안공사내 대동여사에 각 대표자를 초청하여 향연을 베풀었다고 한다. 여사히 일반상황이 이 이상 회기의 천연(遷延)을 불허하는 것이 있으므로 인해 주최자들은 12월 27일 삼일당에서 국민대표회예비회를 열고 중의를 물은 결과 드디어 1월 3일을 기해 정식으로 대표회의를 열기로 결정하고 의사는 절대 비밀에 부쳐 누구도 방청을 불허하기로 하였을 뿐 아니라 전술한 예비회의 결의도 발표를 금하고 경호원으로 하여금 평소 용의인물을 물색하여 엄밀한 감시를 하게 하고 극력 내용의 누설을 막았다. 그리고 1월 3일의 회의에는 먼저 대표의 자격심사를 행하고 또 정치, 군사, 재정, 군사위원부를 설치하고 각 위원을 선정하였는데 중요지인 상해지방대표가 상금도 선출되지 않았기 때문에 본회의를 열기에 이른 것 같고 안창호를 임시의장으로 하였는데 먼저 동회의 주목적인 정부 개조문제에 관해 함경, 경상, 러시아령의 대표는 종래의 정부를 4년 이전으로 거슬러 올라가 전연 근저서부터 타파하고 새로이 정부를 조직하여 남형우, 김동삼, 이청천, 강구우, 신숙, 윤해, 원세훈 등을 입각케 하려는 야심이 있고 이에 반해 서간도 평안 각지 대표는 종래의 정부는 의연 계승하고 중망이 있는 인물을 선택하여 단지 개조에 그쳐야 한다고 주장하는 등 벌써 의견의 충돌을 초래하여 기호, 함경 및 경상, 평안의 3파는 마치 소용돌이처럼 암투를 시작하여 그 중에는 대표회 성립조차 반대하는 자도 있어 전도는 용창히 예측할 수 없는 것이 있는 동시 임시정부옹호파 일당은 전력을 경주하여 교란에 힘쓰려는 형세가 있고 주비회측 또한 사력을 다하여 반대파의 박멸을 기도하여 경우에 따라서는 비상수단도 불사할 각오가 있는 것 같아 양파는 호시탐탐 서로 책전을 꾸미고 있어 본대표회를 중심으로 하여 일대 분요가 현출할 형세에 있다.

이보다 앞서 주비회측에 있어서는 본회의에서 이동녕, 이시영, 박은식 등 십수인으로 된 원로원과 윤해, 원세훈 외 3명으로 된 위원부를 설치하여 최고기관을 조직하려고 내정하고 있었다 하며 이에 참가하지 못한 주비회원은 다대한 불만을 품는 동시 각지 대표자 중에도 자기의 의견과 주비회측 계획과 일치하지 않은 것이 있어 상황에 따라서는 급속히 철수할 수 있게 몰래 여비 조달을 한 자도 있는 등 이미 분요를 일으킬 기세가 있고 한편 상해 교민단에서 선출할 대표자의 건에 관하여는 손정도, 차리석, 김홍서, 양헌, 이탁 등 5명을 전형위원으로 하여 인선케 하기로 하였으나 일찍이 민단상의원 중에는 상해와 남경 양지에서 대표자를 겨우 1명으로 지정한 것은 부조리일 뿐 아니라 본민단은 원래 임시정부 내무부에 속한 기관이므로 정부에서 대표회를 용인하지 않는 이상 대표자를 선출할 수 없다고 주장하는 자가 있어 여러 가지로 내홍의 결과 총무 양제시는 드디어 사직하지 않을 수 없게 되어 12월 29일 다시 상의원회를 열려고 하였으나 출석자가 없어 유회되고 계속 분쟁을 거듭하고 있어 대표자의 선정은 당분간 가망이 없다고 한다. 덧붙이면 각지 대표자로 그 후 상해에 도착한 자는 다음과 같다.

대표별	성명	체재지
북간도 국민회대표	이치용	숭산로 22호
북낙도 독립국대표	이정현	불명
중동선 청년회대표	최대갑	보강리 8호
(중략)		
상해애국부인회 대표	김순애	길상리 15호
상해신한 청년회대표	김규식	길상리15호
(중략)		
한국애국부인회대표	김마리아	남경기독여교

12. 1923년 1월 28일, 상해 임시정부 국민대표회 교육 과위원으로 활동하고 있는 김마리아

『島山安昌浩資料集』 2권(1923. 1. 28)

高警 제546호

1923년(大正 12) 1월 28일

조선총독부 경무국

1. 상해에 있어서의 국민대표회의는 드디어 1월 31일부터 정식회담으로 옮겨 동일 개회식, 2월 2일 대표자격 심사 및 회의일정, 2월 3일 대표자격 심사 및 회의일정 토론, 2월 5일 각 분과위원선거의 순서로 매일 오전 9시부터 정오까지 오후 1시부터 5시까지 회의를 진행했다고 함. 회의 일정안 및 각 분과 위원은 아래와 같음.

국민대표회 회의 일정 초안

　　1) 선서 및 선언

　　2) 보고

　　　가. 籌備會 경과보고

　　　나. 각 지방단체의 사정

　　3) 시국문제

4) 독립운동의 대방침

　가. 군사과

　나. 재정과

　다. 외교과

　라. 생계과

　마. 교육과

　바. 노동과

5) 國號 및 年號

6) 헌법

7) 과거문제의 해결

　가. 위임통치사건

　나. 露領(러시아) 自由市문제

　다. 中領(중국) 密山사건

　라. 金立(김립)의 40만원 횡령사건

　마. 寬甸사건(統義府)

　바. 기타 여러 사건

8) 기관조직

9) 새로운 사건

10) 선포

국민대표회 위원

1) 선고 및 선언제의와 起草위원

　鄭光好(정광호)·朴健秉(박건병)·李民昌(이민창)[일명 英根(이영근)]

2) 군사과 위원

　李靑天(이청천)·金東三(김동삼)·金鐵(김철)·裵天澤(배천택)·申
日憲(신일헌)·鄭信(정신)

3) 재정과 의원

　王三德(왕삼덕)·李鐸(이택)·孫貞道(손정도)·姜九禹(강구우)·尹
琂鉉(윤정현)·李相浩(이상호)

4) 외교과 위원

　安昌浩(강창호)·呂運亨(여운형)·朴愛(박애)·尹海(윤해)·鮮于爀
(선우혁)·玄鼎健(현정건)

5) 생계과 의원

　元世勳(원세훈)·姜受禧(강수희)·許東奎(허동규)·張鵬翼(장붕익)·
金綴洙(김철수)·柳善長(류선장)

6) 교육과 위원

　金瑪利亞(김마리아)·李重浩(이중호)·金昌順(김창순)·方遠聲(방원
성)·朴應七(박응칠)·柳時彦(류시언)·朴宗根(박종근)

7) 노동과 의원

　柳藎(류신)·文時煥(문시환)·姜逸(강일)·林源(임원)·方國春(방국
춘)·張志浩(장지호)·李河西(이하서)

8) 헌법기초위원회

　　李震山(이진산) · 申肅(신숙) · 安昌浩(안창호) · 尹海(윤해) · 金澈(김
　　철) · 李民昌(이민창) · 柳時彦(류시언)
　9) 과거문제 심사위원회
　　鄭光好(정광호) · 宋秉祚(송병조) · 李相浩(이상호) · 盧武寧(노무
　　녕) · 朴應七(박응칠) · 姜九禹(강구우) · 張鵬翼(장붕익)

2. 상해 교민단에서는 2월 3일 民團長 都寅權(도인권)이 주최자가 되어
국민대표회 각 대표의 환영회를 열었는데, 그 순서는 아래와 같음.
　1) 개회식(애국가 일동 합창)
　2) 式辭 : 都寅權(도인권)
　3) 환영사 : 朴殷植(박은식)
　4) 화환증정 : 小學生
　5) 答辭 : 正賓 중에서
　6) 폐회식 : 만세 3창

[발송처]
내각총리대신, 외무대신, 경시총감, 척식사무국장, 경보국장, 관동청격
무국장, 천진총영사
안동 · 철령 · 장춘 · 만주리각영사, 참모총장, 조선군사령관, 조선헌병대
사령관, 총독, 정무총감, 재무국장, 법무국장, 참사관실, 고등법원검사장,
복김법원검사장, 지방법원검사장, 각도지사, 각파견원.

13. 소위 독립기념일의 재외조선인의 동정

해설 :

조선총독부는 재외 조선의 독립운동 상황을 보고 하고 있다. 블라디보스톡, 니콜리스크, 남부 우수리, 치타, 북간도, 서간도, 천진, 북경, 상해 등의 지역이다. 이 중 상해는 1923년 3월 1일, 박은식(朴殷植), 김두봉(金枓奉), 손정도(孫貞道),·여운형(呂運亨) 등이 참석한 상해 국민대표회의 개최 후 여자청년회(女子靑年會) 김마리아(金瑪利亞)가 주최하는 연극이 장소 관계로 다음 날 2일에 시행되었다.

고경(高警) 제 816호 조선총독부 경무국

본문 :

74. 소위 독립기념일의 재외조선인의 동정(『韓國獨立運動史』36, 1923. 3. 13)

1924년 3월 13일

소위 독립기념일의 재외 조선인 동정

금년 3월 1일 소위 독립 제5주년 기념일에 국외에 거주하는 조선인의 동정 개황은 다음과 같다. 러시아령에서 특히 시위의 기세가 고양되고 있음을 본 우리 파견군이 철수한 결과 그들 불령선인(鮮人)은 러시아 관헌의 간섭을 피하기 위하여 특히 공산주의를 구가함과 동시에 한편으로 독립기념일을 축하하는 태도를 나타냈고, 기타 지방에서는 대체로 예년의 상황과 비슷하여 특이한 점은 없었다.

○ 러시아령 방면

(1) 블라디보스토크(浦潮) 지방(3월 3일 외무차관 전보 요지)

연해현(沿海縣) 특히 블라디보스토크(浦潮)에 거주하는 조선인이 3월 1일을 기하여 독립시위운동을 계획하고 이를 위하여 돈을 강제징수하고 반대파를 협박·감금했다는 정보가 있어서 블라디보스토크 주재 총영사 대리는 러시아 관헌에 통고하여 응당한 단속 방안을 요구하였는데, 당일 그들 조선인은 오전 10시경부터 신한촌(新韓村)을 중심으로 시위운동을 개시하였다. 여기에 참가한 단체 수는 약 15 단체이고 남녀 합하여 약 5천명에 달하였다. 태극기와 일본 배척, 세계 무산자 단결 등의 자구(字句)를 적은 큰 적색 기를 앞세우고 적색으로 장식한 몇 대의 자동차가 선전삐라를 살포하였고, 행렬의 선두에는 약간의 군악대를 배치하였다. 블라디보스토크 제국 총영사관 앞을 통과하여 도착한 곳에서 만세를 외쳤고, 청년공산당(靑年共産黨) 본부가 만든 거리연단에서는 조선인과 러시아인 몇 명이 격렬한 연설을 하며 기세를 올리면서 시내 주요 가로를 행진하였다. 오후에 일단 신한촌으로 철수하였다가 야간에는 금각비흥(金角庇興) 등에서 심야까지 연설 및 연극을 하였는데, 그 행동은 러시아 측의 단속에 의해 대개 정리되었다고 한다. 3일까지 계속 일번하(一

番河) 부근에서 연극을 하였다. 이곳 러시아인은 이런 시위운동에 대하여 애써 원조적인 호의를 표하고 있다. 선전삐라는 일본어·중국어·조선어·러시아어로 각각 만들어 주로 일본 군국 및 자본주의를 박멸하고 세계 무자산자의 단결을 기하며 조선독립도 비로소 달성할 것을 역설하였다. 노동자 및 군인의 ●●●. 또한 시위행렬에는 조선인과 관계있는 소수의 러시아인이 참가하였을 뿐으로 현(縣) 혁명위원장 베리스키가 참가를 희망하였지만 결국 그는 물론 부하 관리도 참가하지 않았기 때문에 시민 일반은 호의적 태도를 갖게 되었다.

(2) 니콜리스크(尼古里斯克)지방 (3월 5일 외무차관 전보 요지)

니콜리스크 조선인 노농위원회(勞農委員會)는 2월 28일 공회당에서 제4회 혁명기념제를 개최하고 문창범(文昌範) 등 조선인이 일어나 일본을 공격하고 굴레를 벗어나기 위해서는 소비에트 러시아에 의존하지 않을 수 없다는 취지를 말하며 더욱 기세를 올렸다.

다음날인 3월 1일은 조선인민회(朝鮮人民會) 부근에 기념문을 세우고 불온 표어를 조선어로 적고 붉은 천으로 장식하고 여기에 적기 및 구 한국국기를 게양하였다. 또 조선인 가옥에는 강제적으로 적기 및 구 한국국기를 걸도록 하여 응하지 않는 자에게는 50엔의 벌금을 부과하기로 하여 모든 조선인을 중국촌 부근의 광장에 집합시킨 후 수뇌부들은 독립의 필요를 역설한 후 시위를 시작하여 군혁명위원회(軍革命委員會) 및 국가보안부(國家保安部) 등에 이르러 산회하였다. 이곳 군혁명위원회(軍

革命委員會) 대표는 이 행렬에 대하여 일장 연설을 행하며 혁명을 고취하였다. 또한 당일은 일본어와 조선어로 된 선전문서를 살포하였다.

(3) 남부 우수리(烏蘇里) 지방(3월 5일 함경북도 경찰부장 전보 요지)

노우키 및 포세트 지방 불령선인이 3월 1일을 기하여 시위운동을 일으키도록 선동 또는 협박 중이라는 정보를 미리 입수한 바, 포세트에서 3월 1일 노우키에서는 3월 2일 모두 적군의 명에 의해 러시아인과 조선인 합동으로 독립만세를 고창(高唱)하였고, 러시아인은 적화 기념일로 조선인은 독립기념일이라 하여 각 호당 1명 이상 참 가하여 적기 또는 태극기를 흔들면서 성대하게 실시하였다.

특히 연추(煙秋)에서는 러시아인 500명, 조선인 약 300명이 출동하여 적기 또는 한국국기를 들고 적화 및 한국 독립기념일이라면서 만세를 외쳤는데, 여기에 참가하지 않은 자는 5엔씩의 벌금을 징수한다고 선전했기 때문에 부락민 전부 참가했다고 한다. (3월 7일 함경북도 경찰부장 전보 요지)

3월 1일 기보했던 남부 우수리(烏蘇里)지방의 독립시위운동은 예정대로 결행되었는데, 적군의 양해를 얻었기 때문에 공산주의를 크게 선전하여 소비에트 만세를 외친 다음 조선독립만세를 고창하면서 시위 행진하였고, 청년회원 등은 조선독립과 함께 공산제도를 일시에 성공시킨 것이라고 광분하였지만 농민들은 오히려 이를 ●●했다고 한다.

모인 인원은 연추(煙秋) 800명, 포세트 300명, 지심포(地深浦) 400명,

스라우얀카 400명, 바라바시 500명이라고 한다.

(4) 치타(知多)지방 (3월 3일부 동 만주리 영사 통보 요지)

치타에 거주하는 조선인은 3월 1일을 조선혁명기념일로 삼아 공산당원이 주최하여 치타시 노동조합구락부(勞動組合俱樂部)에서 기념제를 열고, ①조선의 국제적 지위, ②조선에서의 혁명운동 연혁 및 그 가치 등의 제목으로 강연하였다. 강연이 끝난 후 양반에 대한 모의재판을 열었다고 한다. 또한 러시아공산당 영수로서 러시아공산당 극동본부 소수민족부장 남만춘(南萬春)은 3월 1일 발행된 동 본부의 기관지『푸치』에 '조선 3월 혁명의 4년'이라는 제목의 논문을 게재하여, 1919년 3월 1일 시위운동(3·1운동)이 1905년 1월 9일의 러시아혁명 소요와 같은 것으로 모두에서 언급한 다음 이후의 혁명운동을 서술하면서, 상해임시정부 일파의 운동을 일본자본가의 손아귀에서 조선을 빼앗아 다시 미국자본가에게 넘기려는 자들이라고 공격하였다. 어쨌든 1919년 3월 1일의 운동은 조선혁명운동의 새싹으로서 자본국의 인도주의 등이 믿을 수 없는 것임을 보여주었고, 지금 조선민중은 세계 무산계급 특히 일본 노동계급과 협력하지 않으면 목적을 달성할 수 없음을 깨달아야 한다는 의미의 연설을 하였다.

○ 북간도 방면(3월 2일 간도 말송(末松) 경시 전보)

3월 1일을 기념하기 위하여 이곳 사립학교는 당일 일제히 휴교하였지만 특별히 불온한 행동은 없었다. 또 기타 지방의 조선인 측 사립학교 역시 휴교한 곳이 있는 듯 하지만 일반적으로 대개 평온을 유지하였다. (3월 6일 함경북도 경찰부장 전보)

3월 1일 오전 0시를 기하여 왕청현(汪淸縣) 대황구(大荒溝) 중국 관립학교에서 재학 중인 조선인 학생, 동 지방 각 학교의 조선인 생도 및 대감자(大坎子) 지방에 산재해 있는 불령선인 등 약 70명이 모여 독립만세를 외쳤는데, 그 주모자는 지난번 경기도 지방에서 들어온 이학련(李學連, 46세)이라고 한다.

○ 서간도 지방(3월 2일 간도 말송(末松) 경시 전보)
관전현(寬甸縣) 지방 불령선인은 이주해온 조선인에 대하여 3월 1일 기념축하회를 열고 만세를 외쳐야 한다는 취지를 미리 선동하고 있었지만, 대체적으로 당일은 평온하고 사고가 없었다.

○ 천진(天津) 방면(3월 2일 천진총영사 통보 요지)
3월 1일 천진에 사는 조선인 학생 30여명, 부랑 조선인 10명, 서양인의 첩(洋妾) 5~6명은 프랑스조계 ●사리당(●斯理堂)에 모여 기념일을 축복하고 조선인회장 김정(金政) 및 목사 이원익(李元益) 두 사람은 조선 독립의 전도에 관하여 강연을 하였다. 일동은 독립만세를 삼창하고 해산한 후 한 대의 자동차에 학생 5명이 탑승하여 '독립선전서(獨立宣傳書)' (1919년 손병희(孫秉熙)가 배부한 것) 5천매를 영국·프랑스 및 구 독일

조계에 살포하였다. 이 선전서의 인쇄비 및 자동차 구입비 등은 주로 서양인의 첩 및 학생 등이 갹출한 것이라고 한다.

○ 북경 방면

북경에 거주하는 불령선인 등은 3월 1일 향산(香山)에 있는 옛 집의학교(執義學校) 터에서 기념회를 개최한다는 말도 있고, 혹은 천도교 전교실에서 열 것이라는 설도 있어서, 이곳 일본 관헌은 은밀히 중국 관헌에게 통지하고 주의를 기울이고 있었다. 동일 오후 2시가 되자 안정문(安定門) 내의 이조호(二條胡)에 있는 천도교 북경 전교실에서 기념회를 개최하였다. 모임에 참석한 자는 60여 명인데 그 대부분은 학생이다. 그 중에는 비분강개한 연설을 하는 자도 있었지만, 본디 실내 집회이기 때문에 중국 측에서도 적극적으로 간섭하지는 않았다. 단순히 경찰 2명만 보내 감시하였다.

○ 상해 방면

현재 개최중인 국민대표회(國民代表會)에서는 예정대로 당일 오전 9시 각 대표자 일동이 모임장소인 침례회당에 모여 기념식을 거행하였다. 여운형(呂運亨)·신숙(申肅) 두 사람의 식사가 있었고 10시에 폐회하였다. 오후 5시부터 침례회 간부 주최로 일품향(一品香)에서 대표자 전원이 참석한 만찬회를 개최했다고 한다.

또 교민단(僑民團)에서도 동 침례회당에서 오후 2시부터 기념식을 열고 다음 순서에 따라 집행하였는데, 모인 자는 350명(그중에는 중국인 수십명도 섞여있었다)이었다. 오후 4시부터 4대의 자동차에 타고 약 1시간동안 각지를 돌아다니면서 시위운동을 하였다. 경비는 국민대표회(國民代表會)에서 보조금 5천 엔 및 전차회사 고용인 27명이 2달러씩 기부한 돈으로 충당했다고 한다. 또 그날 밤 ●●당(●●堂)에서 거행될 예정이던 여자청년회(女子靑年會) 김마리아(金瑪利亞)가 주최하는 연극은 장소 관계상 이튿날 2일에 시행되었다고 한다.

① 개회식   애국가 연주   일동

② 식사   교민단장   도인권(都寅權)

③ 선언서 낭독   박은식(朴殷植)

④ 창가   소학도대(小學徒隊)

⑤ 국기 게양식   주악

⑥ 국기에 대한 경례   일동

⑦ 국사 ●●   김두봉(金枓奉)

⑧ 축사   노백린(盧伯麟, 불참)·김동삼(金東三, 불참)· 손정도(孫貞道)·여운형(呂運亨)

⑨ 촬영   일동

⑩ 군가   소학도대(小學徒隊)

⑪ 폐회식   만세 제창.

수신처 : 내각총리대신, 외무대신, 경시총감, 척식사무국장, 경보국장,

　　　　관동청 경무국장, 봉천총영사, 안동·철령·장춘·만주리 영사

　　　　총독, 정무총감, 재무국장, 법무국장, 참사관실, 고등복심법원

　　　　검사장, 지방법원 검사정, 각 도지사, 각 파견원

　　　　참모총장, 조선군사령관, 헌병대사령관

14. 조선인여자청년회의 연례회 상황의 건

기밀 제63호

대정 12년 3월 7일((1923년 3월 7일))

在상해

총영사 船津辰一(후나츠 다츠이치로)

외무(대신 伯爵백작) 內田康裁께

본월 3일 여기 漢口路甬 교회당에서 남경여자청년회 주최 하에 독립기념일 축하를 위하여 조선인부녀학생 생활 곤란자에 대해 구조금 모집을 목적으로 연예회를 개최하였는데 극 중에 독립운동의 광경 등을 연기하는 개황을 기록되어 있는---등---

　기록

1. 장소 : 상해 漢口路甬 교회당

1. 주최 : 남경선인여학생 20명

1. 목적 : 독립기념일 축하와 겸하여 생활 곤란 학생 구조를 위함

1. 일시 : 3월 3일 오후 7시부터 10시 25분에 마침.

1. 연예

연예 중의 □ 이곳에 있는 선인애국부인회장 김마리아가 內地에 있는 독립운동사업을 계획하고 애국부인회를 조직하여 선전부, 교육부, 독립군원조대, 여자적십자대의 부서를 □ 김마리아. 회장에 당선되어 운동 중 일본 형사의 탐문에 처하게 되었는데 한 회원이 밀고하여 회원 12명 전부 경찰서에 끌려가 고문을 받고 구속 중 -일동 만세나 독립창가 등을 유치장에 있을 당시 크게 불러 간수의 제지를 들었는데 공판장면이 되고 회장 3년 회원 각 1년의 징역을 선고받고 복역 중. 회장은 질병으로 출옥하고 악하고 무서운 수단 아래에서 회원을 감옥으로부터 도주하여 상해로　--- 광경(일본관헌 통제가 압제적이 되고 상해가 자유안전한 지대가 된다고 각색하였다고도.)

본신호송부□
　----조선총독
이내무사무관
경보국장 ----

15. 국민대표회의 선언서

上海 국민대표회의의 議事 상황에 관한 건(선언서 배포)

機密 제151호

[발신] 間島 총영사 鈴木要太郎(印)

[수신] 외무대신 백작 內田康哉 귀하

[연월일] 1923년 5월 18일

본건에 관해서는 4월 21, 27일자 拙信 機密 제120, 129호로 보고 드렸습니다. 그 후 통일적 최고기관의 창립 및 조직에 관하여 안창호 일파의 반대가 있었기 때문에 회의의 진행이 다시 혼란 상태에 빠져 露領派 尹海, 元世勳, 方國春 등은 순전한 공산제 하에 최고기관을 설립해야 한다고 고집하며 양보하지 않았습니다. 결국 양자의 주장을 절충하여 여전히 上海에 최고기관을 두고 공산당 측과 밀접한 연락을 취함으로써 대동단결의 결실을 거두기로 내정하였고, 대표 125명의 연명으로 별지와 같은 선언서를 배부하였다고 합니다.

또 동 회의는 4월 하순으로 일단 폐회할 예정이지만 이러한 여러 문제의 분규 때문에 5월 20일까지 연기 계속할 것이라고 합니다.

 이상 참고하시도록 보고 드립니다. 敬具

본신 사본 송부처

재중국 공사, 上海 · 奉天 · 吉林 총영사, 조선총독, 함북도지사, 조선군 참모장, 재19사단 참모장, 각 분관 주임

{별지}

선언서[국한문 문서]

본 국민대표회의는 2천만 민중의 공의를 지키는 국민적 대회합으로 최고의 권위에 의해 국민의 완전한 통일을 공고하게 하며 광복 대업의 근본방침을 수립하여 이로써 우리 민족의 자유를 만회하며 독립을 완성하기를 기도하고 이에 선언하노라.

삼일운동으로서 우리 민족의 정신적 통일은 이미 표명되었나니 자유 독립의 선언과 국권 광복의 義旗는 우리의 민족적 통일된 의사를 발표하였으며 정의 人道의 주장과 민족자결의 표어는 나아가 국제적 공정한 여론을 환기하였도다.

그러나 혈전고투 오늘에 이르기까지 밖으로는 강도 일본의 흉폭한 劍戟이 退縮하지 아니하였으며 안으로는 운동 全局의 실제상 통일이 완성되지 못하여 삼천리강토는 여전히 말굽 아래 유린당하며 2천만 동포는 아직도 질곡 속의 도탄을 면치 못하였도다.

이제 우리는 구태여 누구를 원망하겠는가.

오직 대업의 전도를 위하여 국민 전체의 대단속을 제창하지 않을 수 없도다.

강도 일본의 흉폭한 劍戟을 격퇴하기 위하여 운동 全局의 실제상 통일을 절규하지 않을 수 없도다.

역사의 정연한 行程이 우리를 啓示하며 민족적 건전한 생명이 우리를 고려하며 대세가 우리를 驚惕하며 시국이 우리를 재촉하여 본 대표회의가 전 국민의 공통된 요구와 갈망에 기인하여 이제 개최되었나니 이는 곧 철저한 독립정신의 결정이며 전 민족 공존공영의 일대 기회라. 현 시국에 관한 일체의 문제 해결도 이에 있으며 장래에 대한 제반 방침의 議定도 이에 있도다. 본 대표들은 국민이 위탁한 사명을 받아 국민적 대단결을 힘써 도모하며 독립 전도의 대방책을 확립하여 통일적 기관 하에서 대업을 기성하고자 하노라.

아, 국민적 대단합이 이에 완성되도다. 운동의 신국면이 이에 전개되도다. 우리 전 국민은 다 나아와 동일한 주장과 방침에서 일치 진행할지어다.

기원 4256년(1923) 4월 20일

國民代表會議代表

金澈	鄭光好	金元白	尹敬一	朴應七	李何蘇
徐昇海	金宇希	金濬	姜九禹	張鵬翼	李重浩
朴完	吳昌煥	元世勳	金鐘	白洛鉉	太龍瑞
朴健秉	鮮于爀	金尙德	金常漢	李鐸	孫貞道
白南俊	柳振異	申肅	李民昌	李濟河	鄭庚燮
崔成弼	徐保羅	金甲	鄭寅教	裵洪吉	金重吉

姜逸	鄭萬基	金郇山	金東三	裵天澤	金衡植
李震山	楊承雨	尹海	許東奎	鄭南允	姜受禧
李致龍	尹進鉉	鄭仿	金晉奎	申日憲	崔大甲
柳蓋	柳時彦	安基玉	韓光宇	尹智淳	李漢浩
全昌順	朴健	李春	林炳極	張志浩	柳善長
李靑天	呂仁斌	崔峻衡	鄭鶴壽	尹寶民	李翰信
方國春	朴宗根	韓承羽	崔忠信	黃郁	金鼎夏
安昌浩	李相皓	盧武寧	金淳愛	宋秉祚	梁德
趙相璧	朴景喆	羅愚	張志日	林源	禹鐸
<u>金瑪利亞</u>	金鉉九	呂運亨	金弘敍	張基永	朴愛
方遠成	鄭仁濟	玄鼎健	王三德	申二鉉	金履大
金昌煥	郭然盛	徐丙浩	宋景善	朴春根	李鴻來
安武	金重勳	蔡君仙	沈龍俊	鮮于昶	朴用藝
吳永善	金仁全	趙尙變	李裕弼	李松琴	金世赫
金尙黙	洪振宇	姜斌	蔡英	鮮于涉	

16. 그는 누구며 어디에

해설 :

1925년 4월, 미국 조선유학생 잡지 『KOREAN STUDENT BULLETIN』에 실린 김마리아에 대한 기사. 한국의 잔다르크라 불리는 김마리아는 파크 대학에 재학하며 크리스마스 휴가 기간 동안 시카고를 방문하였다.

본문 :

그는 누구며 어디에

Miss Maria Kim, known as the "Joan of Arc of Korea," paid a visit to Chicago during the Christmas season, and has returned to Park College, Parkville, Mo. We wish her good health, and trust she will overcome the timely difficulties that might rise during her student life in this country and block her way to success.

- 『KOREAN STUDENT BULLETIN : Who is Who and Where』
(1925.4) p.44.

'한국의 잔다르크'라고 불리는 김마리아는 크리스마스 시즌 동안 시카고를 방문하고 미주리주 파크빌에 있는 파크 대학교로 돌아간다. 우리는 그녀가 건강하기를 바라며, 그녀가 이 나라에서 학창시절을 지내는 동안 그녀의 성공을 가로 막는 모든 고난을 잘 극복할 것을 믿는다.

17. 하루 동안 차 속에서 – 동해수부(1938. 6. 2.)

해설 :

동해수부, 홍언(독립운동가, 흥사단 단원. 1911년 이후 미주 신한민보 주필로써 동해수부라는 필명으로 여러 독립운동가들에 대해 신문에 기고를 함.

여기의 글은 필자인 홍언이 도산의 부인 안혜련, 장녀 수산, 흥사단원 김병연 그리고 도산의 차남 필선이, 필선의 졸업식에 가기 위하여 L.A.에서 샌프란시스코로 가는 도중에 나눈 대화를 기록한 것으로 이야기 중에 김마리아에 대한 대화가 있다.

김마리아는 귀국해서 결혼을 하지 못하고 양아들 태국을 키우며 살고 있는 것과 1925년 7월 하순 도산과 서재필이 도산의 장남 필립의 안내로 L.A. 헐리우드에서 가정부로 일하고 있던 김마리아를 방문한 것을 적었다. 이 시기 김마리아는 미주리주 파크대학에 다니고 있었는데, 학비 및 생활비를 벌기 위하여 L.A.까지 가서 일한 것으로 보인다.

본문:

□ 하루 동안 차 속에서

나성(로스앤젤레스)으로부터 상항(샌프란시스코)까지

상항(샌프란시스코)으로부터 나성(로스앤젤레스)에 와서 휴지 속에 묻혀 있기를 거의 넉 달 동안이었다. 오늘 아침에 자동차를 타고 상항(샌프란시스코)으로 가는 길에 구십구호 합중국(미국) 신작로에 나섰다. 아침 八시에 나성(로스앤젤레스)를 떠나 저녁 八시에 상항(샌프란시스코)에 도착하였으니 나성(로스앤젤레스)에서 상항(샌프란시스코)은 꼭 하루 길이다. 이 하루 동안 차 속에서 지낸 일이 그리 큰일은 아니지마는 우리 당원의 정서상에 잊을 수 없는 이야기가 있으므로 이를 기록하여 두는 것이다.

한 차에 다섯 사람

이 자동차는 김병연 군의 자동차요 차안에 앉은 이는 도산 안창호 선생의 부인과 그 둘째 아들 필선 군과 큰딸 수산 양과 김병연 군과 이 글을 쓰는 자 다섯 사람인데 필선 군은 말하기를 우리 다섯 사람이 한을 같이 하게 된 것은 하루 동안의 만족한 일이라 하며 김병연 군은 그 말을 듣고 히죽이 웃더라.

다섯 사람이 한 차를 같이 타고 상항(샌프란시스코)으로 가게 된 것은 그 기회가 필선 군으로부터 지어진 것이다. 필선 군은 ●죽이 이년 동안 남 가주(남부 캘리포니아)대학에서 화학을 전수하고 버클리 가주(캘리포니아) 대학에 와서 이년 동안 학습을 더하여 금년 이월에 사년 학기를 마치어 두고 오월 이십일일 즉 명일 동 대학 졸업식을 거행하는 때에 그 졸업장을 가지러 가게 되었다.

도산 선생 서세 후 안 부인이 늘 애통하여 애통에 애통을 더하므로 이를 보는 병연 군이 그 애통을 감해 드리기 위하여 자기 자동차를 가져 안 부인을 모시고 필선 군의 졸업식을 보러 가게 되었는데 수산 양은 따라 가는 것이요 나는 마침 상항(샌프란시스코)로 가려던 차에 순편에 짐짝처럼 덧실려 가는 것이다.

필립 군의 명성 희망

버뱅크로부터 ●●난도를 지나 형형마●산을 올라가니 산중의 오월일 기는 아직도 찬 기운이 쌀쌀하므로 자동차 문을 닫지 못하니 차 속의 공 기가 자못 침울하여지며 그 속에 앉아있는 사람의 정신도 또한 침울하여 모두 ●●이 묵묵하더니 이야기가 도산 선생의 서세로부터 비롯하여 김 마리아 여사의 최근 근황을 말하게 되었는데 안 부인이 말씀하기를 김마 리아 여사는 귀국한 후 아직까지 독신으로 있어 그 신세가 몹시 쓸쓸하 더니 최근 누가 백중에 갓난 사내아이를 그 집 뒷마당에 둔 것을 거두어 길러 수양아들을 삼았다 하며 이 말씀을 듣는 김군은 그 얼굴빛이 자못 자생하며 내가 생각한 것은「아미우국 불증한」이니 번역하면 아미는 나 라를 생각하여 일찍이 그리지 못하였다요 의미는 그가 나라 일을 하다가 꽃다운 때를 다 보내어 시집가지 못하였다는 것이다.

이로부터 옛일을 기억하여 거금 십삼 년 전에 안창호 선생과 서재필 박 사 두 명사가 할리우드에서 일하며 있는 여당원 김마리아 여사를 찾아갔 던 진화를 가져, 안 부인께 말씀을 드리니 가로되「당시 필립이가 두 선 생을 모시고 김마리아 여사를 심방한 후에 할리우드의 활동사진 제조장을 구경시켜 드렸지요.」

또 이로부터 생각한 것은 필립 군의 은막상의 명성(스타) 희망이다.

필립 군은 이때로부터 은막상의 현(나라●●)신을 얻고 하더니 그동안 누차 활동사진의 연예원이 되었고 최근에 만들어낸 「또티 오브 상해」중 국인의 번역으로 「상해지네」는 중국의 명성에나 메이황과 연예를 같이 하여 이 나라 사회의 호평을 받았고 또 그 그림이 중국 상해 향항(홍콩) 광동까지 가서 비치우는 곳에 필립 군의 은막상의 경애가 높아지므로써 필립 군은 장래 활동사진계의 명성의 희망이 있는 것이다. 필립 군이 은 막상에 오른 후 연예로 얻는 신금을 가져 그 가정생활을 유지해 가고 그 래도 부족한즉 안 부인의 둘째 딸 수라 양이 일하여 보태나니 이것이 명 시 신후에 그 유족이 생활해 가는 현재 정청이다.

□ 도산의 꽃동산(三) (1938.11.24.)

세월이 오랜 담쟁이(속)

선생이 이 서실에서 전체 동지를 모아놓고 간곡히 말씀한 때는 一九二四 년 十二월 十六일 상해로부터 미국에 돌아온 후 수일이요 다시는 이같은 훈화가 없었나니 이것이 선생이 마지막 그 동지를 가르친 말씀이라 . 당 시 선생은 상해임시정부의 六년간 경과정형을 말씀하고 나중 그 동지들 에게 일러 가로되 사상과 역량이 수평선이 된 후에 일할 수 있는 것이라.

만일 그렇지 못하면 생각은 늘 공상이요 또 공상에서 생기는 열심은 낙심되기 쉬운 것이라.

또 가로되 오늘 우리 사람은 흔히 말하기를 인도자가 없다고 하거니와 그럴 이치가 없는 것이라. 아무런 집단에던지 그 중에 좀 나은 사람이 있는 것이고 그 사람이 넉넉히 그 집단의 인도자가 될 수 있는 것이라.

나는 늘 이 말씀을 가져 생각하다가 최근에 비로소 깨달음이 있었나니 어느 집단에던지 인도자가 있어야 그 주의를 붙들고 나갈 수 있는 것이라.

도산이 돌아오기 전에 일시 동지 간에 있던 분규는 그 환영회 석상으로부터 화해되었더니라. 그런고로 그 환영회를 위하여 지은 노래가 아래와 같은 것이라.

바다에 솟는 달

바다에 솟는 달

반갑구나

안개와 구름이

스러지니

하늘이 눈을 떠

웃는구나

사나운 바람이

잔잔하여

처녀가 자는 듯

평화롭고 눈 같은 물결은

푸른 비단

비단의 그 운치

번쩍 번쩍

너의 곤한 영혼

점점 세어

홀연히 들으니

어기어차

먼 길에 가는 배

어기어차

물고개 넘어서

어기어차

심산이 보인다

바다에 솟는 달

이 서실의 일화를 간략히 기록하는 것은 도산 선생과 서재필 박사가 이 서실에서 서로 만났던 일이라. 도산은 一九二五년 四월에 동부 재류동포를 석방하기 위하여 나성(로스앤젤레스)을 떠나 시카고와 뉴욕을 만유하는 길에 필라델피아 메디아에서 서재필 박사를 만나니 이는 두 명사가 한성풍운 이후에 처음 다시 만난 것이라.

열사 만년에 그 장한 마음이 쉬지 않지마는 머리 위에 백발이 드문드문하고 세사가 창량하매 서로 손을 잡고 전도를 돌아보는 때에 독립광복의 의견을 합치하였고 그 후 동년 六월에 서재필 박사는 호놀룰루에 열리는 범태평양회의에 참여하기 위하여 하와이로 갔다가 七월 하순에 상항(샌프란시스코)로 왔고 동지 도산도 또한 동방으로부터 상항(샌프란시스코)로 돌아와서 서 박사를 만나 같이 나성(로스앤젤레스)으로 돌아오니 나성(로스앤젤레스) 재류한인 전체는 대회를 열어 두 선생을 환영하였더라.

도산 선생은 종종 이 서실에 모여앉아 독립운동의 진행을 담론하였고 하루는 오찬을 같이 할 때에 서 박사의 이야기는 갑신유신운동의 진상이니 이는 현금 신한민보 영문란에 연재하는 것이라.

서재필 박사는 당시 망명하던 일을 말하여 가로되 박영효, 서광범과 같이 상항(샌프란시스코)에 와서 수일 주류하다가 박영효, 서광범은 일본으로 가기를 원하므로 행중에 있는 돈을 다 떨어서 주어 보내고 보니 나는 자생할 도리가 없는 것이라 하거늘 내가 그 말을 듣고 생각한 것은 당시 서 박사의 곤란은 도산이 청도에서 그 동지와 헤어질 때의 정형과 같은 것이라.

이어 가로되 당장 일을 해야 먹고 살 터이므로 캘리포니아 스트리트에 있는 어느 가구점에 가서 일을 구할 때에 영어를 모르므로 다만 두 주먹을 내보인 의미는 나도 손이 있으니 일할 수 있는 것이라 하고 웃기를 말지 아니하니 좌중이 다 같이 따라 웃기에 데운 음식이 식어 지난 것을 깨닫지 못하더라.

당시 김마리아 여사는 할리우드에서 가정역을 하고 있었던 것이라.

하루는 두 명사가 안필립 군(선생의 장자)으로 하여금 자동차를 몰아 할리우드에 가서 활동사진 제조장을 구경한 후 여사를 찾아가니 여사는 두 선생이 찾는다는 소식을 듣고 자기 친수로 떡(케이크)을 구워 두었다가 선생께 드리매 받아가지고 돌아와 동산 가운데 앉아 그 떡을 나누며 찬탄하기를 마지 아니하더라. 나도 또한 탄식함이 있었나니 만일 국가의 주권이 있을 것 같으면 두 선생은 반드시 묘당의 동량이 될 것이라. 이같이 하늘 한 끝에 표령하지 않을게고 김마리아 여사도 또한 이곳에서 남의 가정역으로 세월을 소비할 까닭이 없는 것이라. 무릇 정치운동자는 성공이 없으면 그 신세가 대개 이와 같이 창량하거니와 간난에서 낙관을 가지고 혁명운동 전선상에서 보면 이를 한 진화로 접할 수 있는 것이라. 도산 선생과 서재필 박사는 이때 헤어진 후 다시 서로 만나지 못하였고 도산은 벌써 서세하였나니 두 명사의 만년 상봉은 이때 마지막이 ●에 있었던 것이다.

옛일을 이와 같이 그림 펴보듯 생각하다가 다시금 담쟁이 덩굴을 보며 탄식하여 가로되 내가 이 집을 의지하여 있는지 이 집이 너를 의지하여 있는지 모르거니와 어쨌든 다시 오는 나로 하여금 너를 말미암아 옛 기억을 가지게 하는 것은 느낄만한 일이라.

다시 앞마당으로 나와 꽃동산의 전경을 돌아보고 떠나온 후 선생과 꽃동산을 위하여 쓸 것이 많지 않은 목하 일신이 창량한 나는 실로 겨를이 없으므로 이만 그치고 이 다음 기회를 기다리는 것이라.

18. 第二二八 團友 김마리아 履歷書

- 독립기념관 한국독립운동사 정보시스템. 안창호 문서

出生時 四二二七(1894)年 七月 十一日

出生地 韓國 黃海道 長淵郡 松川洞

居生地 長淵, 京城, 日本 東京, 中國 上海, 美國

職業 四二三四年 至四二四〇年 小學校 修學

四二四〇年 至四二四三年 京城貞信女學校 畢業

四二四三年 至四二四五年 光州女學敎 敎授

四二四五年 至四二四六年 日本●●

四二四六年 至四二四八年 京城 貞信學校 敎授

四二四八年 至四二五二年 日本 東京女子學院 畢業

四二五二年 至四二五四年 三一運動送事

四二五四年 至四二五六年 在中國閑●

四二五六年 至四二五七年 在美國 勞働

四二五七年 至四二五九年 美國 미조리팍大學 畢業

四二六一年 至四二六二年 美國 콜럼비아大學 修學

學藝 敎育學

宗敎 예수교 長老敎

團体 愛國婦人會 槿花會

最長技能

所肯 讀書, 旅行

改名 前 常眞(상진)

家族 父 金允邦(김윤방) 故

母 金夢恩(김몽은) 故

姉 南宮涵羅(남궁함라) 方美廉

入團日 建國紀元 四二六二年 月 日

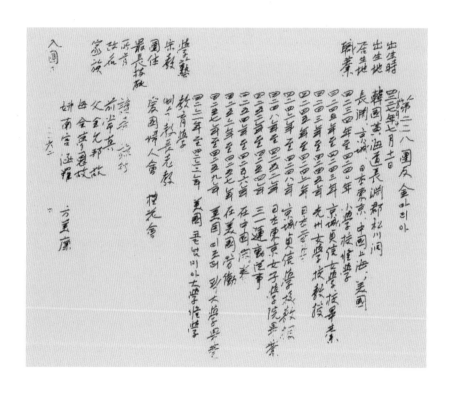

19. 興士團 第 十七回 뉴욕大會 報告

- 미주흥사단 흥사단보고서

出席團反 : 韓承坤(한승곤) 韓昇容(한승용), 林超(임초), 김마리아, 金永六(김영육), 金啓奉(김계봉), 尹志漢(윤지한), 許眞業(허진업), 黃昌夏(황창하), 吳天錫(오천석), 申允局(신윤국), 禹泰浩(우태호)

日程 : 四二六三年 十二月 二十七日 至 二十八日

場所 : 뉴욕韓人基督敎堂內

大會 第 一日

一, 晚餐會 二十七日 下午 六時 三十分

會長 許眞業(허진업)

本 大會에서 손님들을 招待치 않고 本 大會에 出席한 團友 個人으로 그 個人친구를 各히 自費로써 請(만일 願하면)케 된바 이렇게 모인 數가 主賓을 合하여 三十五이었음.

一. 相見禮會 同 八時 十五分

主席 韓承坤(한승곤)

祈禱 韓承坤(한승곤)

一. 講論會 同 八時 三十分

會長 許眞業(허진업)

講題 大韓民族과 興士團

講士 김마리아

精神運動으로의 興士團

講士 吳天錫(오천석)　(記錄은 別送)

大會 第 二日

一. 運動會 二十八日 上午 九時 三十分

會長 禹泰浩(우태호)

林超(임초), 申允局(신윤국), 許眞業(허진업), 禹泰浩(우태호) 諸君이 特別한 運動을 各히 보였음.

一. 討議會 同 十時 三十分

會長 韓承坤(한승곤)

1. 本團의 여러 가지 事情으로 因하여 明年(四二六四)부터 本團 庶務員의 俸給을 매달 五十달러로 定하기를 可決함.

2. 本團의 經營하는바 遠東事業의 어찌된 內容으로 속히 本 理事部員께

探査發表케 하며 이미 거기에 支出된 本團 準備豫立金 五千달러는 當히 ●本 理事部에 다시 돌려 保管케 할 것.

3. 入團金을 在學하는 學生에게는 그 定額의 加額으로 定하고 義務金을 在學하는 團友에게는 그 團友의 請願에 따라 또한 可額으로 特減함을 行할 것.

4. 東光社와 本團의 關係를 本理事部로써 밝히 發表하여 줄 것.

一. 喜樂會 同 下午 八時

會長 黃昌夏(황창하)

김마리아 氏의 護 童詩 朗誦(영어)

임보패 氏의 三人變裝(男子, 女子, 또 다른 男子)

황희찬 君의 유끄리리 獨奏

安韓 氏[安承萬(안승만), 韓昇容(한승용)] 家庭의 朴利根(박이근)式 「라디오」와 정일형식 留聲機가 다 자미있었음.

一. 相別禮會 同 十時 十五分

主席 韓承坤(한승곤)

茶菓가 있었음.

大會寄付金

尹志漢(윤지한) 五元

黃昌夏(황창하) 五元

申允局(신윤국) 十元

許眞業(허진업) 五元

金啓奉(김계봉) 五元

金憂敎(김우교) 五元

金永六(김영육) 五元

林超(임초)   三元

五天錫(오천석) 三元

韓承坤(한승곤) 三元

韓昇容(한승용) 二元

金瀅璘(김형린) 二元

김마리아   二元

禹泰浩(우태호) 二元

計 五十七元也

允局●● 一月 二十日

言張이 옳은 말입니다. 참 다 딱한 일이오. 뉴욕은 長談할 수는 없지마는
지난 一年半에는 매우 平和스러웠지요.

拜復하노이다. 大會 記事는 ●略하나마 去週에 記送이니 ●氏人抵일
듯 합니다.

投票가 多數遲滯되오나 그것은 來月 團友會에서나 催督할는지요.

通常 報告지를 新구 ●式君에 몇 十장 곧 보내주옵시요. 三一社 遺殘한 活字는 알아보겠으나 많이는 毀損되었을 듯합니다. 그러므로 活字 使用으로는 手工 때문에 새 出刊事를 着手함이 不智일까 합니다.

金鉉九(김현구) 君이 簡單한 印刷機를 製作 使用한다 하는바 알아보고 싶습니다. 이 쯤 합니다.

近日 新韓報에 好事多魔題下에 宋昌均군 評遇는 ● 記送합니까. 그만 두었으면 좋겠습니다. 그런 記事가 曲直은 論 我에 有한지 不拘하고 우리 社會內面不●을 暴露함과 같이 그 全體의 羞恥가 아니며 또는 ● 宋君이 曲이라 하여도 그만 過失을 ●界에 廣布할 것이야 有합니까. 宋君이 名譽 損傷이라고(신문등재를)하는

(下略)

20. 잡지 삼천리에 실린 김마리아에 대한 기사들

1) 삼천리 제15호 발행년월일 1931년 05월 01일

기사제목 : 光武隆熙時代의 新女性總觀

필자

기사형태 : 회고 · 수기

光武隆熙時代의 新女性總觀 (광무륭희시대의 신녀성총관)

黃메리, 金美理士, 金마리아 諸氏와 女醫學博士 朴愛施德氏의 活躍, 駐外公使의 夫人과 令孃의 歐風發揮

政治敎育文化各方面의 俯瞰

琵琶洞主人

세월이 하도 빨너서 벌서 일한합병이 된지도 수물한해이다. 지금 종로네거리나 光化門通을 네활개 저으며 지나다니는 紅顔靑年들을 보아도 그네들은 합병전보다 합병후에 출생한 이가 만흔듯하니 이 엇지 세월의 총총함이 走馬燈갓다고 아니할가.

그때 西大門밧 무학재 아래에는 巴里凱旋門을 본밧어 靑天에 올니소슨 大理石 독립문이 잇섯고 그 門附近에 녯날 中原使節을 마저드리든 慕華

舘을 업새고 독립관을 새로 지어 노앗는데 이터가 실로「開化」의 뜨거운 熱望에 晝夜로 轉轉反側하든 近世, 朝鮮文化의 胎盤이엇스니 西北學會를 爲始하야 XX協會, 自疆協會의 靑年論客들이 거의 이곳에 陣치어 政府의 鎖國政策을 痛罵하고 時世에 暗한 封建諸侯格이든 閔氏一族의 守舊黨을 打倒하기에 急하엿든 <66> 것이다.

이와가치 한참 當年에는「開化」의 急先鋒꾼이요 自由主義者요 또 한 急進靑年들이든 20代 30代의 徐載弼, 李承晩, 尹致昊, 安昌浩, 崔麟, 李甲, 兪鎭泰, 申興雨, 李東輝 등 여러분이 只今엔 60客, 50客이 되어 머리에 서리가튼 白髮을 언고 잇스니 이 엇지 世事의 變遷이 놀납다 아니할가.

그때가 光武年間과 隆熙年間때엇스니 지금으로부터 손곱아 헤여보면 벌서 35, 6年이란 긴 세월이 그 사이를 가로빗겻다. 그럴밧게 업는 것이 合倂된 지가 21년 그우에 隆熙年間이 4년을 繼續하엿고 또 光武年間도 11년이나 繼續하엿스니까 이럭저럭 해수를 따저보면 30여년이 넉넉히 넘는다. 그런데 前記와 가치 日本과 美國에서 몰니어오는 自由民權과 開國政策에 뿌리를 둔 開化의 思潮가 怒濤와 가치 半島의 沿岸을 휩쓸고 돌 때 이 潮流에 올나타고 萬丈의 情熱과 經倫을 보이든 이는 尹致昊, 李承晩 등 여러분이나 그러나 한편 女性側에는 1千萬 閨中同性을 위하야 누가 책상을 치고 이러낫든가.

그때 신문으로는 徐載弼博士가 指導하는 XX신문이 잇섯고 金嘉鎭씨 등 主宰의 XX協會報와 또 尹孝定씨 등의 XX自疆會報 등이 잇서서 靑年論

客의 條理整然한 警世의 快論이 뒤를 이어 작고 나와 黎明期의 朝鮮社會에 큰 불길을 던지고 잇섯지만 한편 女人側으로는 누가 果然 街頭에 나서서 幽閉且 隔離되어 잇든 그때 母妹를 위하야 萬丈의 氣焰을 吐하엿든가?

그때는 群衆이 모히는 곳에 반드시 演壇이 잇섯고 演壇이 잇슨 곳에 반드시 靑年論客의 爽英한 風貌가 보이엇건만 그 演壇우에는 纖纖玉手를 가진 細腰의 少姐는 업섯든가.

開化소리 들니는 곳에 靑年子弟가 보이엇고 靑年子弟보이는 곳에 學校가 섯고 學校가 선 곳에 學徒歌와 XX歌를 소리놉히 부르는 이 나라 快男兒가 잇섯건만 女性을 위하야서는 學校도 업고 女學生도 업섯든가?

「開化」라면 잇든 상투 썩썩 잘나버리고 保守的이든 삿갓을 동댕이치고 그대신 三角山가튼 帽子를 썻고 몸에는 洋服을 입엇고 발에는 구두를 신은 이 時代에 先驅하는 이 모든 靑年들의 몸에는 그 行裝이 一變하엿건만 한편 졸졸 끄으든 長衫을 버리고 4人轎를 차버리고서 머리깍고 구두신고 나서든 新女性은 그때에 잇섯든가 업섯든가?

업섯다면, 一世를 氣慨와 美貌와 智略과 端雅한 姿態로 울니든 明成后를 가진 半島女性으로서는 이 엇지 붓그러운 일이 아닐가?

이제 우리는 그 當時의 新女性을 차저보기로 나섬은 黎明期의 埋沒되어 잇든 그때 社會相을 正當하게 發堀하여 보려는 뜻에서 나온 것이라.

應當 우리의 이 筆觸에는 숨기어 잇든 그때의 政治, 社會, 文化 各 方面이 活動하는 新女性的 일꾼들이 만히 나타나질 것을 빌고 또한 밋는다.

王室움지겨 淑明, 進明만든 黃메리女史의 活躍

30년 전이면 朝鮮8道 뒤둘처 보아도 學校라고는 培材學堂이 서울에 하
나 잇섯고 <67> 女子側으로는 西洋宣敎師들이 開設한 梨花學堂이 한
개가 잇슬 뿐이엇다. 그러나 學校라고 잇다 하여도 서울市民은 「學校로
子弟를 보내면 꼭 죽이는 줄」만 알든 때이니 9深閨房에 가치어 잇든 아
가씨들이 엇지 通學하기를 바래랴.

엇절 수 업시 부모도 업시 떠도라 다니는 孤兒들을 아홉명을 야주개고
구리개고 배고개고 하는 곳곳에서 사탕주고 밥주고 속이어 달래와서 工
夫를 시작케 함이 梨花學堂 創設初年의 光景이엇다.

그러나 한해 두해 지나가는 사이에 梨花學堂에는 서울서 한다 하는 집안
의 따님들이나 며늘들이 通學하는 것을 볼 수 잇게까지 되엇스니 時世의
힘이란 참으로 놀납다고 하지 안을 수 업다. 이 梨花學堂이 朝鮮新女性
의 胎盤이 된 것이 이리하야 시작한 것이니 영국 옥스포-드가 傳統的의
英國後繼政治家를 培養하드시 福澤諭吉의 慶應義熟에서 日本開化의 役
軍을 길너내드시 朝鮮女性運動의 先驅者는 이 梨花學堂에서 그 첫 발자
곡을 떼어주엇다 할 것이다.

그때에 後世에 일홈을 永遠히 끼칠 新女性 한분이 낫섯스니 그는 卽 黃
메리孃이라. 黃메리孃은 일즉 宣敎師를 따라 美國에 건너가 그나라 文
化를 肺腑에 가득 드리마시고 도라온 뒤 半島女性도 언제까지든지 단
꿈만 꿀대가 아니라하여 여러번 父老들을 모아노코 演說도 하고 남몰내

家家戶戶를 訪問하여 泰西의 形便도 일너주기에 奔走하엿스나 結局 1千萬의 女性을 깨우치는 道理는 敎育의 길밧게 업다 하야 가진 수단과 정성을 기우리어 有名한 皇室의 嚴妃를 움지기어 만흔 敎育資金을 끄으러내어서 淑明學校와, 進明學校를, 創設하엿든 것이니 孃는 實로 一敎育家라기보다도 훌용한 經世家요 政治家엿든 것이다.

이리하야 各 學校를 도라다니며 장차의 어머니될 수만흔 따님들을 교육하기에 밤낮 헤아리지 안코 잇다가 時世가 변하여 淑明女學校도 財團法人이 되고 進明 또한 그러케 되자 손을 끈고 지금은 市內阿峴里의 英國聖書公會, 聖經敎授로 잇다. 드른즉 요지음은 公會일로 忠淸道 淸州에 가게시다가 1년에 한번씩 잇는 年會에 叅席코저 늦김만혼 녯 서울의 땅을 밟는다든가.

黃메리씨는 벌서 回甲을 年前에 지냇다든지, 이삼년 안으로 맛게 된다든지 하는 六旬갓가운 늙은이다. 젊엇슬 때 黃氏라는 분과 結婚하엿다가 다시 梁某氏와 結婚生活을 하엿다가 모다 幸福스럽게 끗을 맺지 못하야 지금은 독신으로 게시는데 그 까닭에 일홈은 「메리-」인줄 확실히 알지만은 「黃메리」인지 「梁메리」인지 그의 녯벗 金美理士女史나 申興雨씨도 分明히 모르고 잇섯다.

그러치만 이 「메리-」女史가 新女性으로 30년전 社會에 나타날 때는 구두신고 파라솔든 淸楚한 모단껄의 行色을 聯想한다면 그는 큰 狼狽이니 그때만해도 구두신는 법이 업고 파라솔 드는 법이 업섯다. 申興雨氏 伯氏가 그때 當時에 깬 사람 중의 한 사람으로 구두를 한걸네 어더다가 신고 종로에 나갓더니 구두를 처음 보는 長安市民은 <68> 怪物이 왓다고 구름가치 모여드러 구두에 돌맹이질을 하여 간신히 목숨을 구하여 피하엿다고까지 하는 點으로 보아 그때 當時 開化女性이라 하더라도 구두 신엇슬 리가 업겟다. 外樣의 점으로 보면 新女性의 特色을 차저내기 자못 곤란한데 아마 장옷이나 벗고 다녓슬 정도가 아니엇슬는지.

女醫學博士 朴愛施德氏와 金美理士女史의 모던,껄時代

「黃메리-」氏와 억개를 나란히 하여 光武時代에 빗나든 모던,껄을 찾자면 지금 花洞골목의 槿花女學校를 經營하고 잇는 校長 金美理士女史를 손곱지 안을 수 업다. 그는 금년이 쉰셋으로 늙으나 늙은 靑春이지만 한 때는 閨中處女로 世界雄飛의 큰 뜻을 품고 「나는 洋國갈테야!」 하고 응석부리면서 美國으로 떠나든 때가 바로 芳紀 23歲의 아릿다운 處女時代엇다. 그때 氏의 洋行熱을 크게 들쑤신 분으로는 亦是 美國工夫하고 도라운 朴愛施德이란 분이엇다. 朴愛施德孃은 엇저면 글세 美國가서 醫科大學를 마치고 醫師가 되어 本國에 나왓섯다. 火輪船타고 2,3朔 걸녀야 당도하는 코큰 백성들이 사는 美國에 가서 醫業을 닥고 醫學博士가 되어 오다니 朝鮮社會에 李浣의 李大將이 다시 난 것만치나 驚異아니될 수 업섯다. 慧星가치 突現한 女醫師 朴愛施德氏에 刺戟되어 떠낫든 金美理士 孃도 그 當時는 내로라 하는 新女性 中 한분이시고 또 그때 新女性으로는 지금 귀국하여 학교일 보는 黃愛施德氏, 己未運動때 일홈을

날니든 「金마리아」(中略-원문) 그러고 「朝鮮料理製法」이란 著書로 崔
昌善의 新文舘時代부터 錚錚하게 그 일홈을 날니든 方信榮女史 그외에
도 누구누구 여러분이나 大槪는 作故하고 지금 生存하야 잇는 분은 만
치도 못할 뿐더러 잇다 하여도 30년이면 山川도 변하는 데에 녯날 그때
로 잇지안어 或은 露領으로도 가버리고 或은 上海 北京에 가 잇단말도
들니

고 더러는 布哇와 美國에 아조 終生할 目的으로 가서 지내는 분이 만타
고도 한다. 엇재든 光武隆熙時代의 新女性이라하면 敎育方面과 醫學方
面에 대개는 활약하엇던 듯 하다.

外交官의 夫人으로 尹氏夫人과 令孃들

그러나 時代사람이 일컷는 「모던.껄」은 이러한 方面보다도 當時 外國에
派遣되어 잇는 公使, 領事 등 外交官의 夫人과 따님들에게 잇섯슬 것이
다. 첫재머리에 떠오르는 이는 한국정부에서 툭파한 美國公使舘의 윤치
소(尹致昊氏의 4寸이신가)는 마누라(실상은 쎄컨드)에 「고-라」라 하는-
아미는 반달갓고 손길은 白玉갓고 가는 허리 喃喃한 말소리-그야말로
古典的 東洋的 美人으로 울니든 아름다운 이를 다리고 美國에 건너가서
北亞美利加 社交界에 女王가치 孔雀가치 尊敬과 欽慕를 바더서 「尹고-
라」「尹고-라」하면 그분을 <69> 그 當時 한국정부의 要路大官치고 소
문을 듯지 못한 이 업섯슬 듯. 그러케 才色이 兼備하다 그 뒤 윤치소씨가

歸國하야 政府의 어느 局長으로 잇슬 때도 그 夫人은 漢城의 社交界를 歐羅巴式 沈練된 麗質로 떨첫섯다.

그리고 또 한분 잇다. 2,3年前까지도 西大門1丁目의 白堊洋舘을 가지고 잇든 「만포-드」商會의 리상필氏의 嚴親 李彩淵氏가 美國公使舘 叅事官으로 赴任할 때에도 역시 正室 마누라님은 참아 움지기지 못하고 「세컨드」를 움직기어 美國가섯다가 歸國한 뒤까지 漢城判尹으로 지낼 때도 外國使臣들의 夫人이나 令孃을 接待하는 役을 마튼 분은 이분들이엇다.

죽은 李完用이도 米國에 赴任할 때에 小室을 다리고 갓다든가. 그때의 新女性들로 外國男性과 「쓰위트홈」을 꾸미고 잇엇다는 이를 나는 寡聞하여 아직 듯지 못하엿다.

30여년전 光武隆熙時代의 新女性, 그것은 바야흐로 한마듭의 꿈을 푸는 것이 아니면 아니된다. 우리는 다시 仔細히 풀 날이 잇슬 줄 밋고 爲先 붓을 여기에 멈춘다. < 71 >

모던껄은 英語를 하엿고 차림차림은 別異狀업섯다

그때 英語를 아는 女性은 상당히 만하엇섯다. 前記와 가치 그 夫君을 따라 美國 等地에 여러해 滯在한 이들이 만햇든 것과 또 한가지는 < 70 > 敎育과 布敎를 目標로 하는 外國宣敎師의 來往이 頻繁하여젓스니까 自然히 接觸할 機會가 만하여 그러함인 듯.(中略-원문)

그때의 모단껄로는 또 河상긔氏 마누라로 梨花學堂舍監으로 게시든
「하나나사」氏도 일홈을 울니엇다.

아마 時世가 변함이 업시 그냥 내려왓더면 지금쯤은 歐美風으로 洗練된
外交官夫人도 만히 輩出하엿스련만-(下略-원문)

2) 잡지 삼천리 제16호　　발행년월일 1931년 06월 01일

기사제목 : 新女性總觀(2) 百花爛漫의 己未女人群

기사형태 : 회고·수기

新女性總觀(2) 百花爛漫의 己未女人群 (신녀성총관(2) 백화란만의 기미
녀인군)

朴仁德, 金馬利亞, 許英肅, 金明淳, 金元周, 李德耀, 黃貴卿, 尹心悳, 韓
琦柱氏等 歷史的 銀幕을 빗내든 女流詩人, 政客, 音樂家, 美貌의 女王
들…

맑고 푸르고 청청한 하늘에 반작반작 하는 별, 이 별속에는 긴-꼬리를
하늘 한쪽에 감추고 영원히 사라저버리는 별과 뜬대로 소슨대로 날마다
더욱 찬란한 광채를 발하고 잇는 별 두가지가 잇다. (此間削除-원문)
조선의 하늘우에 떠서 明滅하든 만흔 별 중에는 이미 자최를 감춘 것도
잇고 그대로 뜨고 잇는 것도 잇다. 별을 美貌와 才華의 代名詞인 女性들
이라 할진대 尹心悳孃가튼 이는 혜성가티 낫하낫다가 그만 사라저버린
별이라 할것이요 「김마리아」孃가튼 이는 萬年不滅로 星座속 王座를 직
히는 별들이라 할 것이다. 아무튼 조선근세사 중 긔미때가티 용모 아름
답고 재조가 출증한 문제의 녀성이 만히 출현한때가 업섯다.

그런데 이러케 歷史의 銀幕우에 彩筆를 들고 勇敢하게 線과 點을 끄으든 그때 신녀성들은 아직도 대부분이 살아잇다. 살아잇슬 뿐더러 비록 올드.미쓰 혹은 늙은 청춘이 되엇스나마 지금도 장안네거리에 네활개치고 다니는 것을 볼 수 잇다. (此間削除-원문)

고요하엿든 큰 바다가 일제히 움지기는 모양으로 조선의 모든 政治, 經濟, 社會, 文化의 모든 樣相이 모다 크게 움지기든 그때에 女性文化의 各 部門도 큰 震動을 격근 것은 勿論이다. 이 時代的 産物— 차라리 어느 意味로 先驅者的 女性이 이때에 만히 나온 것도 當然하리라. 여기에는 政界에 活躍하든 이, 思想運動에 馳驅하든 이, 語學, 演說, 音樂, 運動 等 各 方面에 내로라하고 나서든 이가 數千數萬를 헤아린다.

그러나 우리의 붓이 자유롭지 못한 政治나 思想運動關係의 女性은 부득이 잠간 保留하기로 하고 다만 才德과 美貌로 社會的으로 일홈을 날니든 (此間削除-원문)

新女性을 차저보기로 한다. 時代가 時代잇드니만치 이 時期의 新女性들에게서는 대단히 로맨틱한 私生活과 活潑스러운 公生涯을 차저 볼 수 잇는 것이 前番에 紹介한 光武, 隆熙時代의 女性보다 數倍異한 점이다. 黃메리, 金美理士 等 諸女史가 活躍하든 光武 隆熙時代로부터 약10년을 뒤진 己未時代의 新女性들 風貌는 그러면 果爲 엇더햇든가?

不充分하나마 以下에 點描를 비롯하자. (下略)

3) 잡지 삼천리 제3권 제9호   발행년월일 1931년 09월 01일

기사제목 : 政治舞臺에 活躍하든 名花들, 米國가 잇는 金마리아와 黃愛施德 · 신의경 · 김영순 · 리혜경 · 유인경 · 장선희 · 리정숙 등 3·1當時에 뛰노든 그룹들, 愛O婦人會秘史

기사형태 : 회고·수기

政治舞臺에 活躍하든 名花들, 米國가 잇는 金마리아와 黃愛施德 · 신의경 · 김영순 · 리혜경 · 유인경 · 장선희 · 리정숙 등 3·1當時에 뛰노든 그룹들, 愛O婦人會秘史

만경창파가 이땅의 구비구비를 이리저리 우불구불 잘도 처넘든 긔미년은 어느덧 너머가고 이제는 대정구년이라. 이 해 가을 구월 대구 지방법원(大邱地方法院) 제일호 법정에는 해당화꼿가튼 아름다운 이땅의 묘령녀성 수십명이 용수를 벗고 철쇄를 그른 뒤 재판장의 신문을 밧고 잇섯스며 한편 법정 내외에는 수천군중이 몰켜서서 재판의 결과를 기다리고 잇섯다. 긔마경관대의 삼엄한 경계와 들낙날낙하는 긴장된 신문긔자의 얼골빗 등으로 보아 이날의 재판이 매우 중대한 것임을 알니게 한다.

오전아홉시에 재판장은 피고의 일홈을 불너 세웟다.

김마리아

황애스터

신의영

김영순

백신경

유인경

리정경

또 누구누구 등

재판의 결과는 수령 김마리아와 황애스터 두아씨에게 검사구형 오년인 것을 삼년징역으로 판결이 낫섯고 그밧게 여러 피고들도 모다 이년 혹 일년씩의 징역선고를 밧엇다. 이것이 우리의 긔억을 십년동안이나 끄으러오든 저 유명한 「애X부인단」 사건이다. 생각건대,

뒷날 근우회(槿友會)나 녀성동우회(女性同友會)로 말하면 그 조직방법에 잇서 로서아의 본을 따온 곳도 만코 기타 여러 선진민족의 운동양식을 참고로라도 본 바 더온 것이 만치마는 이 「애X부인단」사건만은 본을 밧재야 바들곳이 업섯고 또 합병이후 사내총독의 모든 결사탄압 정책관계로 선내에 단체라고는 하나도 업든 그때에 엇더케 그만흔 단원들이 이러케 비밀리에 모히게 되엇고 그래서 관헌의 눈을 피하야 가면서 그러케도 범위넓고 세상을 놀내이든 일을 진행하엿든가.

더구나 묘령녀성의 손으로써! 지금에 생각건대 김마리아나 황애스터가 튼 우수한 녀류정객의 머리는 실로 경이할만한 바가 잇섯다.

이제 우리는 조선의 정치운동 선상에서 조약하든 모든 녀류정객을 찾는

첫거름으로 애X부인단의 무대 우에서 띄도든 이 명화(名花) 여덜떨기를 들추는 것이 얼마나 흥미잇는 일일가.

竹兄弟會의 出現

평양숭의녀학교(平壤崇義女學校)라하면 평안도 일대에서는 괄괄한 서도 아가씨들을 교육하는 녀자중등긔관으로 그 일홈이 놉다. 더구나 선천(宣川)에 잇든 미슌경영의 녀학교가 부득이한 사정으로 페교가 된뒤부터는 평북일대의 피와 눈물만흔 젊은 녀성들조차 거개 이 숭의녀학교문으로 밀녀들게 되어 서울의 이화학당(梨花學堂)과 가치 전선에 유명하든 학교가 되엇섯다.

그때 숭의녀학교에 뜻이 조흔 젊은 녀교사 여러분이 잇섯섯다.

첫재 손그락에 곱히는 것이 그때 스물네살밧게 아니되든 이화학당 출신의 황애시터씨 그리고 또 누구누구씨등.

뜻이 다른 이 멧멧 녀교사는 심중에 저윽히 긔대하는 바 잇서서 일부러 학교긔숙사에 긔숙하기로 하고 야반 삼경 취침시간이 다되어 수백명 녀학생들이 모다 혼혼한 깁흔 잠에 들때에 고요히 이러나서 남의 눈을 피하여 가면서 평일에 지목하든 그 녀학생이 잠자는 겻헤 이르러 아모도 모르게 가슴을 똑똑 두어번 두드러 깨워안어 이르켜 가지고는 인적이 드문 긔숙사 한구석에 이르러 「우리들이 언제까지든지 이대로 잇서서 쓰겟느냐. 좌우간 무슨 모임을 가지자」하고 시대형편을 말하야 그의 동의를 엇기에 착수하엿다.

그때는 실로 무단정치의 최성긔라 두세 사람이 모여도 비밀결사 음모라 하여 잡아다가 두든 때요 더구나 정치에 대한 토론가튼 것은 애여 입밧 게 내지 못하든 때이라 이것이 엇지 일반 사회인사들의 집회에만 한하엿 스랴. 교회와 학교에 조차 엄중환 감시가 잇든 때이니 숭의녀학교안 이 「그룹」의 활동이 여간 어렵지 안엇슬 것은 취측할만한 일이다. 이리하야 그 사상을 훈련식히고 감정을 한곳에 모히기에 전력한 그네들은 마츰내 「죽형제회」(竹兄弟會)라는 비밀단체<14> 하나를 자긔들 가운데 가지게 되엇다.

그 일홈이 말하드시 천백번 바람에 휩쓸닐지라도 꺽거지지마자는 저참 대가치 끈기잇게 그리고 천하가 다 백설속에 잠기는 때에도 오직 홀로 푸르게 서서 잇는 모양으로 우리만은 굿굿한 절개를 직히자는 뜻으로 회 의 일홈을 이와가치 참대를 따다가 쓰고 그 정선을 실행하기로 하엿다.

학교안에도 「스파이」가 거미줄가치 느러저 잇는 때이니 그 회원을 잘못 골느다가는 일망타진이 될 것은 명약관화한 일임으로 그네는 회원선택 을 여간 신중히 하지 아니하야 겨우 일곱사람으로 죽형제회의 전조직원 을 삼고 그 일곱회원들은 틈잇는대로 학교긔숙사 안에서 혹은 평양 능라 도라 긔자능(箕子陵)이라 하는 명승처처에서 비밀히 회합하여 모든 마련 을 하기에 분주하엿다.

第2段으로 松兄弟會

그러나 아모리 조직망을 치밀히 한다 할지라도 회원단 일곱사람을 가지고야 그 활동이 뜻대로 되여지랴. 마츰내 지도자들은 그 죽형제회의 제2계단으로 송형제회(松兄弟會)를 조직하기로 일치하고 그「부락슌」의 결성에 노력하엿스니 송형제회만은 다수한 회원을 가진 단체를 만들 필요상 학생간의 친목긔관이라하야 표현단체로 하고 개중에 밋을만한 학생들을 규합하기로 하야 그 수효 수십명을 가지게 되엇섯다.

그럼으로「죽형제회」회원 일곱사람이「송형제회」를 지도하고 잇서서 죽형제회회원들은 송형제회원을 모조리 알고 잇지마는 송형제회원들은 죽형제회의 존재를 전연 몰낫섯고 또 그 지도자들도 죽형제간부임을 알길이 업섯다. 알니지도 안엇스니까.

이 두 개의 조직망을 통하야 그 학교의 녀학생들은 모다 사상상의 엇더한 세례를 밧고 해마다 졸업하여 감에 따라 북선으로 남선으로 전조선 각처로 작고 펴지기 비롯하엿다. 이것은 하늘도 모르는 일이라 함을며 만능을 자랑하든 경찰계통이랴.

이러케 긔초조직을 완성하자 그 총지휘자 황애스터씨는 다시 딴듯을 품고 동경(東京)으로 건너갓다. 거기에서 동경의학전문(醫學專門)에 다니는 한편 조흔 동지 한분을 맛낫섯스니 그가 즉후일 크게 일홈을 날니든 김마리아양이엇다.

동경의 조직은 파죽의 힘으로 진전되엇다. 이리하야 그럭저럭 죽형제회

와 송형제 회의 뿌리가 평양숭의녀학교 문안에 점점 박히기 시작한지 삼

주년을 맞는 긔미년정월 초엿샛날-.

그날밤 동경 신전구(神田區)에 잇는 류학생청년회관에는 웅변대회(雄辯

大會)의 일홈 아래에 수백의 남녀 류학생들이 깡그리 모히엇다.

서춘, 최승만, 리광수, 장덕수 등

연사의 연설은 중도로부터 돌연히 파리강화회의가 나오고 월손의 민족

자결론이 나오고 그리고 나종에 조선XX선언의 발표에까지 이르러 그

너른 회장 안에는 숨막힐 듯한<15> 비분강개한 그리면서 천공에 거화가

붓는듯한 격동과 흥분에 떨니엇다.

이날 경관대와 일대충돌이 이러나고 다수한 류학생들은 경시청에 잡히

어 갓다.

일월륙일의 첫 봉화가 잇자 김마리아와 황애스터 두분은 몸을 변장하고

관헌의 눈을 피하여 헌해탄(玄海灘)을 건너 서울노 드러왓다.

동경사변 이후 조선내지의 공긔의 격화를 막기 위하야 경찰당국은 일본

류학생의 귀국을 절대로 취체하엿든 것이다.

서울에 세상의 눈을 피하여 드러온 김마리아 황애스터 두분은 서울 안에

잇는 각녀학교 녀교사중 사상이 특이한 분을 비밀리에 모여 가지고 정동

이화학당 안에서 회합을 하엿다.

그 석상에서 동경의 소식을 전하고 아울너 구주대전 즉후의 정치사정을

설명하야 우리도 이대로 잇서서는 안되겟다는 뜻을 전하엿다.

그리고 그때 정치운동의 유일의 길은 구라파 제약소민족의 수단방법과 가

치 외교정책(外交政策)에의 할것이라하야 파리강화회의에 대표를 파견하기로 되어 녀자편으로 「요한나」씨를 불란서로 출발식히기로 하엿다. 요한나씨는 결국 파리로 가든 중도 상해에 이르러 그만 객사하고 말엇지만-.

이 일이 뒷날 발각되어 황애스터, 김마리아양 등은 서대문 감옥에 잡혀 드러갓다.

그러다가 팔개월만에 이럭저럭 별반 증거가 업서서 노히어 나왓다.

東京과 京城에서 暗躍

나온지 삼개월만에 서울과 경상북도의 경찰부를 위시하야 전조선 각경찰서의 손에 수백명의 묘령녀성이 돌연히 체포되엇다. 감추고 감추엇든 「애X부인단」이 그만 발각된 것이다.

삼월일일이후 각처에서 부녀대(婦女隊)의 활약이 컷다.

엇더케 되어 그 활약이 이러케 큰가 하든 것을 알길이 업서오다가 오늘에 이르러야 발각된 것이라. 회원명부(會員名簿)와 도장(圖章)과 외교문서(外交文書), 해외와 련락취하든 모든 서류가 압수되엇다.

또 죽형제회와 송형제회가 삼일운동을 전후하야 단연 질적 비약을 하야 애X부인회가 된뒤에 전조선의 부녀군중을 이끌고 민중운동에 참가하엿든 것도 발각되엇다.

이와 동시에 XX청년단이 마저 발각되어 안재홍(安在鴻)씨 등 다수한 청년이 잡히엇다.

뒤에 확실한 곳에서 드른 바에 의하면 XX애X부인회와 XX청년회사건은 내부에서 일을 하든 모모등이 동지를 팔아 먹은 것이라 한다.

판결을 밧은 이 사건의 전긔피고 다수는 전부 철망에 억매이어 징역을 치럿다.

그중에 김마리아는 진장명「腎臟炎」으로 복역중도에 나와 서울 남대문 밧「세브란쓰」병원에 입원치료중 아메리까로 망명하야 방금 어느 대학에서 정치학을 닥고 잇는 중이요 황애스터씨는 삼년징역을 다치르고 그 역 미국에 드러가 칼포니아대학에서 MA의 학위를 밧어가지고 귀국하여 지금 녀자긔독교청년련합회 최고간부로 활약하는 한편 녀자소비조합운동에 분주하는 중이며 김영순씨는 원산에 가서 일하며 그밧게 제씨도 지금까지 모다 일방의 웅으로 그 지방 지방마다에서 뜻잇는 일에 매일매시 생명을 깍고 잇다.

세월은 전광석화가치 흐르고 흘너 벌서 십여년을 지냇다. 그 넷날 녀류 정객 등을 배양하든 숭의녀학교의 죽형제회 송형제회와 애X부인회의 일대비사 다시 더 자세히 툭 터러노코 쓸날 잇지 안을가.

마즈막으로 당시 부인단의 간부일홈을 적어보면 아래와 갓다.

副 會 長 리혜경

總 務 황애스터

結社部長 리정숙

財務部長 장선희

書 記 김영순<16>

4) 잡지 삼천리 제4권 제9호 발행년월일 1932년 09월 01일

기사제목 : 金마리아孃 會見記, 십년만에 도라온 녯날의 애국부인단장
필자 : XYZ
기사형태 : 소식

金마리아孃 會見記, 십년만에 도라온 녯날의 애국부인단장

XYZ

오늘은 참으로 덥다. 박갓흔 아마 百度 갓가운 더위인가 보다. 화분에 심엇든 백일홍도 긔운을 일코 쓰러젓고 금붕어담은 어항의 물도 끄러오를 것갓다.

이날 서울 종로 百合園의 아래층 광장에서 나는 김마리아孃을 맛낫다. 7월 20일날 亞米利加로부터 서울에 도착한 뒤 가튼 同窓인 貞信女學校 側의 초대연으로 漢江 船遊에 잠간 참여한 뒤 되도록 外人과 接見하기를 피하여서 신귀국의 孃은 이 날도 업는 시간을 짜내어 우리와 식탁을 함께하고 그립든 故土에 대한 情懷를 실마리 푸듯 풀고 안지섯다.

孃은 늙엇다. 그 때 애국부인단 단장으로 半島의 상하를 울닐 때는 인생의 꼿이라 할 스물여섯의 妙齡 처녀이더니 지금 이 자리에서 봄애 10년을 亞米利加에 가잇는 동안에 孃도 늙엇섯다. 그러케 어엽부든 대리석 갓흔<32> 얼골의 살빗도 아츰 저녁으로 고국을 사모하는 찬눈물에 서리

웟슴이든가 多少 타섯고 세상일을 근심하느러고 끼인듯한 가느다란 주름살이 두어줄 약간 흘넛다.

그러나 그대신 孃의 氣慨는 녯날이나 지금이나 매한가진 듯 그 거문 두 눈섭과 精氣에는 끌는 그 눈빗은 녯날의 鐵과 갓흔 결심, 一代의 여장부에게서만 볼 수 잇는 氣宇에 찻섯다.

孃은 금년이 설흔여덟이라한다. 그동안 지난 이약이를 무르니 비록 己未年 이후 법률상 10년의 時效는 지나섯다 할지라도 아직도 망명시대의 쓰듸쓴 경험과 주위의 사정때문에 활발하게 口唇을 열기를 주저한다.

「미국 대학에서 철학을 공부하엿서요」

「여름방학이 오면은 미국 各地로 각금 도라다니면서 가튼 동포들을 맛나 여러가지 이약이를 주고밧고 하는 것이 대단히 유쾌하엿슴니다.」하는 몃마듸 말슴 외에 별로 뚜드러진 말슴을 아니한다.

「장차 무얼 하시겟슴닛가?」

하고 무르니

「아직 보아야 알겟슴니다만은 대개 元山 방면에 몃해 가 잇슬 것 갓슴니다.」

하엿다. 孃은 그 뒤에 알고보니 元山女子 聖經學院에 이르러 神學과 철학에 대한 교편을 잡게 되엿섯다. 그래서 平壤에 단니려 갓다가 아마 이 글이 세상에 발표되는 때쯤은 山紫水明하고 갈메기 헐-이 껑충뛰는 明沙十里의 저 東海 원산항구에 이르러 분필가루를 자시고 게실 것이다.

孃은 아직도 洋裝을 하고 잇섯다.

미국 건너간 뒤 十數年만에 외국에서 조선옷을 입을 수 업서 洋裝으로
생활한 관계이겟지만 오늘 이 자리에도 氏는 洋裝을 하섯다.

孃은 아직도 獨身이시다.
「결혼을 아니 하시려나이까?」
하는 廉恥업는 질문에 孃은 手巾으로 입을 가리우고 오직 미소할 뿐이
다. 그러케 쾌활한 분도 결혼 문제에 이르러는 수집음을 먹는다.

이제는 孃의 故土를 탈출하든 때 이약이를 적기로 하자.
지금부터 13년 전 己未年에 巴里에서 媾和會議가 열닐 때 東京의 學窓
에서 진리를 연구하기에 여념이 업든 孃은 동지 黃愛施德씨와 함께 손
을 맛잡고 서울노 도라와서 貞信女子學校를 근거삼고 辛義卿, 白信永,
黃愛施德, 李貞淑, 張善禧, 李惠卿, 金英順 등<33> 諸 여성과 함끽 여성
의 민족운동단체로 愛國婦人團이란 비밀결사를 조직하려 지방의 有數
한 女流운동가과 盛히 연락을 맷는 한편에 적십자사도 결성하여 장차 만
흔 활약을 보이려 하엿다.
그러다가 事一未擧에 발견되어 그 해 9월에 大邱경찰부의 손에 체포되
어 以來 檢事廷과 철창에 억매인 몸이 되엇다가 결국 3년의 판결을 밧고
복역중 身病때문에 保釋되어 서울 「세부란쓰」병원에 입원하고 잇섯다.
이 때의 일은 名 기자 柳光烈씨가 당시 동아일보에 「金마리아孃 病床訪
問記」를 발표한 일이 잇서 기억이 조흔 분은 아직도 그때 零圍氣를 짐

작할 수 잇스리라.

그러다가 孃은 아모도 모르게 美國에 건너갈 결심을 품고 어느날 저녁 가는비가 내리는 속을 인력차에 호로를 내리어 感懷깁흔 서울을 떠낫다. 그의 足跡은 다시 仁川을 거치어 威海衛를 거치어 上海를 지나 美國에 갓든 것이다.

병든 몸을 잇글고 警吏의 눈을 피하여 雲外萬里의 외국으로 다라가든 그때의 孃의 고통은 상상이외이리라.

孃은 이러케 망명하든때의 經路를 이약이하고는 寂寂한 우슴을 짓는다. 드른 즉 孃의 이번 귀국에는 培材學校長과 其他 여러 西洋人士들의 盡力이 만엇다고 전한다.

어째든 만흔 기대를 半島 人士에게 품게하든 傑出한세 女流人材이든 朴仁德씨와 黃愛施德씨 이제 마저 한 분 남엇든 金마리아孃까지 歸土하엿다. 金마리아孃은 장차 어느길노 거르러는고?

어느덧 西窓에는 저녁해가 걸렷다. 天井의 施風機는 흥분되어 식탁에 안진 主客의 얼골을 시언스럽게 스친다.

나는 孃과 再會를 約하고 갈나저 나오니 벌서 종로청년회관에는 電燈이 켜지고 잇섯다.<34>

5) 잡지 삼천리 제6권 제9호　　발행년월일 1934년 09월 01일

기사제목 : 女市長 選擧

기사형태 : 설문

女市長 選擧 (녀시장 선거)

우리가 理想하는 조흔 都會가 하나 생긴다면 그때 女市長으로 어느 분을 뽑을가.

女市長 劉英俊

第一候補 兪珏卿

第二候補 黃愛德

第三候補 李善熙

李善熙氏 7月號 三千里의 市政方針이 傑出하야 不得已 第三候補者로 選擧함.

(禹鳳雲) < 147 >

女市長擧選

우리가 理想하는 조흔 都會가 하나 생긴다면 그때 女市長으로 어느 분을 뽑을가.

第一候補 黃信德

第二候補 許貞淑

第三候補 丁七星

(漢陽居士) < 148 >

女市長選擧

우리가 理想하는 조흔 都會가 하나 생긴다면 그때 女市長으로 어느 분

을 뽑을가.

第一候補 黃信德

第二候補 朴仁德

第三候補 金活蘭

(辛泰嶽) < 149 >

女市長選擧

우리가 理想하는 조훈 都會가 하나 생긴다면 그때 女市長으로 어느 분

을 뽑을가.

第一候補 金마리아

第二候補 朴仁德

第三候補 黃愛施德

(蒼山) < 150 >

女市長選擧

우리가 理想하는 조흔 都會가 하나 생긴다면 그때 女市長으로 어느 분을 뽑을가.

第一候補 金마리사

귀가 어두시어서 市民의 非難 소리가 안들니심니다.

第二候補 許貞淑

市長의 保健을 爲하야 多情하신 配慮가 게실 것임니다.

第三候補 金蓮實

생끗생끗 웃기 잘하시니 市吏員을 統制하시는데 妙하실 것임니다.

(李瑞求) < 151 >

21. 허진업이 김병연에게 보낸 편지(1931년 10월)

해설 :

김마리아가 캐나다에서 5천마일이나 다니면서, 27차의 강연회를 이용하여 조국을 위한 종교적 선전사업을 하고 왔다는 가장 깊은 인상을 준 내용을 흥사단 김병연에게 보낸 서신

본문
金秉璉(김병연)君께

吾君이 다시 우리 團의 事業 發展을 爲하여 私業을 不係하시고 團務에 着手하심을 弟-個人으로와 또는 뉴욕地方會를 代表하여 謝賀합니다. 모든 일을 陣行하실 때에 本地方會의 後援은 언제든지 推信하오며 本地方會員 一般은 吾君이 今番으로 切實히 믿고 기뻐합니다.

十月 四日은 今月 第一 日曜日인데 따라서 뉴욕地方月例會를 前例에 依하여 市內 林超(임초)君 舍宅에 開하였었습니다. 本地方團友 一般外에 來賓이 四, 五人 되어 出席人員이 合十四人이었습니다. 同會 順序 中 우리 一般에게 가장 깊은 印象을 준 部分은 金마리아 孃의 캐나다 旅行談이었습니다. 金孃은 지나간 二朔半間에 캐나다에서 五千마일을 旅行하시면서 캐나다 主催 下에 二十七次의 講演期會를 利用하여 祖國을

爲한 宗敎的 宣傳事業을 實踐하였다 하더이다. 同夜 八時에 開會하여

十時에 閉會하고 繼續하여 茶菓會를 하였습니다.

未納된 八, 九 兩月 通常報告를 玆呈하오니 推諒하소서.

弟의 現住所는 605 W. 137 Lt. ST. New York City입니다.

十月 日

뉴욕地方會書記許眞業(허진업) 上

22. 한승인이 최희승에게 보낸 편지(연도 미상, 10월)

熙松兄!

八月 十一日附 惠信을 拜覽하였습니다. 더운 이때 온 집안이 萬安하시고 視務 如一하시기를 다시금 빕니다. 紐育(뉴욕)近處 消息을 전하여 드립니다.

(1) 金마리아 孃은 이곳 The Biblical Seminary에서 B.D를 하였는데 B.D를 正直하게 驛하자면 神學得善士이라 하겠으나 本來 B.D는 M.A를 한 後에 一年을 더 要求한 답니다. 神學校에서는 B.D하고는 곧 D.D공부를 한다니까 事實에 있어서 B.D는 神學士라고 함이 當하다고 합니다. 그러면 金 孃은 神學士입니다. 그 Seminary는 New York University에 附屬이요.

(2) 申允局(신윤국) 君이 八月 七日 頃에 自動車로 액시덴트를 當하였다가 約 一週間 고생하고 지금은 조금 나았습니다.

(3) 許眞業(허진업) 君은 아직 몸이 완쾌치 못하여 休息 中입니다.

(4) 黃昌夏(황창하)·吳天錫(오천석) 等은 다 平安한데 黃君은 來週부터 Nacation으로 約 二週間 쉬며 吳君은 그동안 taronto 와 Cleaelacl에서 開催한 Coold Y.M.C.A에 參席하였소.

(5) 김계봉 씨네는 요새 休暇 次로 어디 休養하러 갔답니다.

(6) 김영륙 君은 그동안 일을 하지 못하다가 요새는 일을 얻어 하는 중입
   니다.

(7) 弟는 Columbia의 School of Businee에서 M.S을 爲하여
   requirewent는 다 하였고 Clagree는 九月에 받았습니다.

(8) 鄭성봉 君은 Boston에서 New York으로 와서 秋期부터 Columbia
   에서 Forerualisw 공부한답니다.

(9) 林超(임초) 君네는 다 平安하오.

私信 "우라키"가 日間 來着한 모양인데 또 좀 수고하여 주옵소서.

八月 十八日

弟 昇寅 拜上

23. 미주 한국학생연맹 부회장 김마리아

해설 :

1932년 6월 4, 5일 한국학생연맹 동부지부 학생대회가 부회장 김마리아가 주관하여 열렸다. 여기서 김마리아는 1933년 임원 선거에서 다시 부회장으로 선출되었다.

잡지명 : 동광 제37호　발행년월일 1932년 09월 01일

본문 :

기사제목 : 新聞舊聞, 米國留學生界 소식(其1)

新聞舊聞, 米國留學生界 소식(其1) (신문구문, 미국류학생계 소식(기1))

최근의 米國유학생계의 소식을 『北米學生 通信』에서 摘記하건대 다음 같다.

학생대회

留米學生聯合會 제7회 동부대회는 6월 4, 5 양일 뉴욕시에서 거행되엇다. 대회주석은 同연합회 부회장 金마리아양이엇고 토론에서는 아메리카대학의 金度演 박사, 컬럼비아대학의 韓昇寅군, 펜실베니아대학의 삐,와이,허 군의 지도 하에 「조선의 경제적 개선의 방법」이란 題로 토론이 잇섯다.

만찬회 석상의 연사는 도미 중인 조선 감리교 총리사 梁柱三 목사와 쩐스
합킨스대학의 金昌世 박사이엇다. 그 밖에 시카고의 金베씨 부인, 梨專
교수 엄孃, 李承晩 박사, 킴벌란 부인 등이 푸로그람에 참여하엿다 한다.

중서부 대회는 6월 24일부터 시카고에서 열리게 되엇는데 토론제목은
「조선의 민족주의」「조선의 사회주의」의 兩題라 한다.

학생회 임원
1933년분 학생연합회 위원은 如左히 선거되엇다고.
부 회 장 金마리아
총 무 韓昇寅
통신서기 정일형
기 록 김은석
종교부장 강일
사회부장 C, 李
체육부장 김새형
출판부장 Y, H, 정
재무부장 그레스, 조
간 사 M, S, 김 ＜11＞

24. 한 달의 널스 生活

– 재미유학생잡지 '우라키' 제6호. 43쪽

김마리아

十年이나 두고 苦學한 나는 별별 험한 일 궂은 일 한 차례씩은 다 치러보았습니다. 남의 집 종살이부터 女給의 身勢며 店員 行商 等으로 양키 천하에서 거친 경멸과 천대를 받으며 때로는 우리나라 讀者들은 상상도 못할 '컴퍼니온'이라는 늙은 할멈의 배종관인 말하면 專屬下人의, 苦役으로 담사발을 흘리든, 곤경에 헤매기도 한 두 번이 아니었습니다, 학교 다니면서 남의 집 일해 주며 宿食을 얻든 '스쿨컬'의 고생도 英語 모르던 그 時節이 남다른 바가 있었으며, 그보다도 같은 조선 사람들이 집 종사할 때 일어나는 '델리켈'한 心的苦痛이란 나만이 알 수 있는 永遠한 비밀일까 합니다.

그러나 요즘 와서는 모두가 지나간 옛날의 한조각 구름떼와 같이도 아득하게 사라진 과거가 되었습니다.

이제 지나간 옛일을 돌이켜볼 때 잊지 못할 한토막 아픔의 記憶이 떠오름이 있어 이 기회를 이용해 엉켜진 기억의 실타래를 풀어보려고 합니다.

때는 벌서 三年 전 무더운 여름의 일이다. 放學을 하고 校門을 나서니 무엇보다도 아침과 저녁이 문제가 되리만큼 절망한 경제공항이 따라듭

니다. 古學生活을 하도 오래한 탓인지는 모르나 아무리 어려움이 닥쳐
와도 그야말로 彼岸의 火같은 말하면 冷情하고도 침착한 心的支配를 받
게 될 뿐이요, 결코 황당한 생각에 끌려 갈팡질팡하며 공연한 염려와 공
상에 헤매는 일이란 극히 적었습니다.

살게되겠지 … 이것이 내 生活觀의 뿌리 깊은 範節의 하나이외다. 實은
이 哲學의 支配가 없었던들 나라는 存在는 벌서 사라진 雲霧의 한편인
지도 모릅니다.

人事商談인 職業紹介所의 알선으로 내 몫에 온 잡(일)은 영어로 '널스'
라는 남의 집 어린애 보는 간호부 그것이었습니다.

간단한 행장을 둘러메고 '롱 아일랜드'라는 大西洋 연안 금빛물결이 찾
아드는 화려한 文化都市에 외로운 그림자같이 居州를 찾아갔습니다.

四十이 가까운 一見 少壯紳士에게 來意를 通하니 반가운 표정을 지으며
자기 아내를 불러 내립니다. 아무리 보아도 이십도 못되는 젊은 시악시,
옷차림이나 그 動作이 禮節 있는 양반집 자식은 못 된다는 것이 첫 번 인
상이요 게다가 男便에게 대하는 말법까지도 분명히 法道가 없는 집이라
는 것을 發見하였습니다.

그렇다고 지나도 안보고 갈 수도 없어 울면서 거자 먹는 格으로 월급을
정하고 일을 시작하지를 않았습니까?

이른 새벽 아직 主人들은 잠자리에 뭉개는 것을 알면서도 일찍 일어나
조반을 준비하는 한편 아이들을 거두어 옷 입히고 세수 시켜놓자 시간
따라 음식을 먹이고 나면 벌써 열점도 넘고 이른 점심 때가 됩니다. 애가

둘씩이나 되는지라 한 애를 돌보고나면 다른 것이 울고 불며 야단을 치며 수라장을 만들어 놓습니다.

이렇게 하루 종일 두 애를 데리고 쩔쩔매는 몸이 또한 어른들의 밥도 지어 주어야하지를 않습니까? 막말로 쪼구먹만한 주방에서 밥을 지어주며 두 애를 거두고 나면 보람 없이 등 뒤에 땀이 비 오듯 합니다.

자리에 누워 생각하니 기가 막혀 그야말로 죽을 至境이외다. 그렇다고 일을 집어치울 수도 없고 계속하자니 뼈가 녹을 지경이니 진퇴유곡의 難關이 꿈나라에까지 살고도는 것만 같았습니다.

그 가을 학비를 생각하여 그럭저럭 한달의 세월도 갔습니다. 그러나 원체 趣味 붙일 것이란 하나도 없는지라 新聞 한 장 변변히 볼 여가가 없는 종살이에 싫증이 난지 오랜데다 主人 마님의 무자비는 열화를 돋우어주고도 남음이 있었습니다.

主人 마마 영감 夫婦는 원체가 모던 人物들이라고나 할까요? 여하튼 流行의 尖端을 걷는 것은 最高度的 文化生活과 방종을 겸한 일종의 째즈式 生活에 倦怠와 支難을 느끼는 家庭입니다. 이 집의 主人은 뉴욕 어느 劇場의 舞臺監督이요 그 안에 스무 살도 못 된 貴夫人은 필자의 門下에서 노래하고 춤추던 化形女優를 떼드려다 생활을 시작한 것이 그 모양이 되었습니다.

인정은 나날이 식어질뿐 아니라 일의 취미까지 사라져 허덕이는 내 몸에는 웬셈인지 避暑地로 이름 높게 시원하다는 그 땅의 바람도 종살이하는 내 등 뒤에는 도리어 괴로움의 못을 박아주는 무더운 여름이외다.

에라 집어 치워라! 옳다 그러다. 이 일을 한 달만 더 하고나면 내 건강은 다시 깨어지고 말 것이 아니냐? 모든 것을 잊어버리면 그만이 아니라 失職子의 受難과 십자가를 나라고 못떼랴 그만두자! 이것이 최후의 남은 한길이요 운명같이 생각되었습니다.

한달의 월급을 손에 찾아들고 다시 뉴욕 시가에 헤매게 될 때는 비록 포켓은 나빠졌을망정 새로운 元氣를 가지고 나아갈 한 층의 勇氣가 흩어졌던 마음 바다에 용솟음 치며 갈 길을 재촉해주었습니다.

(1932.6)

25. 흥사단으로 보낸 서신

해설 :

김마리아가 1932년 미국에서 한국으로 귀국하면서 단원으로 있던 흥사단의 김병연에게 보낸 편지

본문 :

김 선생 전

여러 번 문안이라도 드리고자 하였으나 뜻과 같이 되지 못하고 마침 미주를 떠나게 되와 미안하기 한이 없습니다. 그래도 형편이 되면 의무를 하게 되기를 바라고 이날저날 기다린 것이 그대로 되지 못하게 되오매 염치가 없어서 감히 붓을 들지 못하게 되었습니다. 이미 짐작하셨을 바 작년과 금년에는 일을 하지 못하고 지내게 되었기 때문에 용비에 대단 군색하게 지내므로 그리 되었습니다. 동광에 대한 의무는 경성에 간 후에 주요한 군에게로 회계할 심산이올시다.금년과 같은 때에 단소사무를 보시기에 여간한 곤란이 아니실 줄을 아지 못하옴이 아니였만은 일개 단우의 의무도 하지 못하고 미주를 떠나는 心意도 짐작하여 주실 줄 믿습니다.

만일 본국에 가서 사정이 허락하오면 성력을 다 기울이고자 하오나 아직은 대담히 말씀하기 어려운 형편에 있습니다. 저는 이번 六月 二十三日

에 캐나다에 가서 선교부와 원만한 의논이 있으면 본국으로 갈 줄은 짐작하였으나 相議의 결과 여부를 분명히 예측지 못하였으므로 여러 동지들과 친구들께도 예통치 못하게 되었습니다. 마침 선교부 임원들을 만나서 상의한 결과가 예측한 바보다 오히려 원만하게 되어서 곧 밴쿠버에서 七月 二日에 출발하게 되었습니다.저의 고향으로 삼던 미주를 떠날 때 오래 정든 여러 친구와 동지들께 고별치 못하게 됨이 퍽으로 유감하였으나 부득이한 사정이온즉 후일 다시 기회를 바라고 떠나갑니다. 이번에 가면 캐나다 연합교회의 경영인 원산에 있는 여신학원에서 당분간은 시무할 듯 합니다. 객지에서 늘-안녕하시다가 속히 환국하시기를 바랍니다.

七月 十二日 生

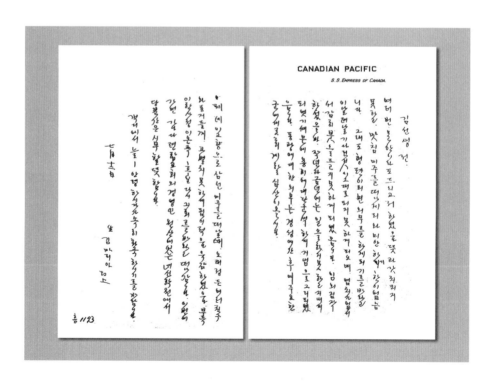

26. 김마리아 귀국

- 삼천리 제4권 제9호(1932.9.1.)

김마리아
십년 만에 돌아온 옛날의 애국부인단장

오늘은 참으로 덥다. 바깥은 아마 백도 가까운 더위인가보다. 화분에 심었던 백일홍도 기운을 잃고 쓰러졌고 금붕어 담은 어항의 물도 끓어오를 것 같다.

이날 서울 종로 백합원의 아래층 광장에서 나는 김마리아양을 만났다. 7월 20일 날 아메리카로부터 서울에 도착한 뒤 같은 동창인 정신여학교 측의 초대연으로 한강 선유에 잠깐 참여한 뒤 되도록 외인과 접견하기를 피하여서 신귀국의 양은 이날도 없는 시간을 짜내어 우리와 식탁을 함께 하고 그립던 고토에 대한 정회를 실마리 풀듯 풀고 앉아있었다.

양은 늙었다. 그 때 애국부인단 단장으로 반도의 상하를 울릴 때는 인생의 꽃이라 할 스물여섯의 소령처녀이더니 지금 이 자리에서 보매 10년을 아메리카에 가 있는 동안에 양도 늙었었다. 그렇게 어여쁘던 대리석같은 얼굴의 살빛도 아침저녁으로 고국을 사모하는 찬눈물에 서리웠음이든가 다소 탔었고 세상일을 근심하느라고 패인듯한 가느다란 주름살이 두어 줄 약간 흘렀다. 그러나 그 대신 양의 기개는 옛날이나 지금이나 매한가진 듯 그 검은 두 눈썹과 정기에 끓는 그 눈빛은 옛날의 철과 같은 결심, 일대의 여장부에게서만 볼 수 있는 기우에 찼었다.

양은 금년이 서른여덟이라 한다. 그동안 지난 이야기를 물으니 비록 기미년 이후 법률상 10년의 시효는 지났었다 할지라도 아직도 망명시대의 쓰디쓴 경험과 주위의 사정 때문에 활발하게 구순을 열기를 주저한다.

'미국 대학에서 철학을 공부하였어요.'

'여름방학이 오면은 미국 각지로 가끔 돌아다니면서 같은 동포들을 만나 여러 가지 이야기를 주고받고 하는 것이 대단히 유쾌하였습니다.' 하는 몇 마디 말씀 외에 별로 두드러진 말씀을 아니한다.

'장차 무얼 하시겠습니까?' 하고 물으니

'아직 보아야 할겠습니다만은 대개 원산 방면에 몇 해 가 있을것 같습니다.' 하였다.

양은 그 뒤에 알고보니 원산 여자성경학원에 이르러 신학과 철학에 대한 교편을 잡게 되었었다. 그래서 평양에 다니러 갔다가 아마 이글이 세상에 발표되는 때 쯤은 산자수명하고 갈매기 헐이 껑충뛰는 명사십리의 저 동해 원산항구에 이르러 분필가루를 자시고 계실 것이다.

양은 아직도 양장을 하고 있었다. 미국 건너간 뒤 십수년 만에 외국에서 조선옷을 입을 수 없어 양장으로 생활한 관계이겠지만 오늘 이 자리에도 씨는 양장을 하셨다.

양은 아직도 독신이시다. '

결혼은 아니하시려나이까?'

하는 염치없는 질문에 양은 수건으로 입을 가리우고 오직 미소할 뿐이

다. 그렇게 쾌활한 분도 결혼문제에 이르러는 수줍음을 먹는다.

(下略)

27. 김마리아 論 - 정일형

해설 :

우라키는 1925년 9월 26일자로 창간된 '북미학생총회'의 기관지로 서울서 발행되었다. 미국의 총대리부는 시카고에 있었다.

우라키 제6호 : 정일형, 『김마리아 론 - 다난한 망명생활 공개상』(우라키사. 1933. 3.) p.38-40

망명생활의 서곡

때는 1920년 5월 하순 - 꽃잎도 땅을 덮기 전에 녹음부터 무르익은 한양의 천지에는 활약과 성장을 상징하는 남성적 성하(盛夏)가 산하를 덮기 시작한 시절이었습니다.

수천의 회원과 13지부를 두고 **정부와 **운동의 희생자 및 유족 구조(救助)에 전력하던 애국부인단의 비밀결사가 대구서원(大邱署員)에게 일망타진된 후로 6개월의 세월이 흘렀습니다.

한번 영어(囹圄 죄인을 가두는 곳. 감옥)의 몸이 된 그는 불행히도 병마에까지 침로를 받아 마침내는 깨어진 건강을 안고 병감(病監) 한 구석에서 신음을 거듭하는 신세가 되었습니다.

그 후 얼마를 지나서의 일이외다. 당시 세브란스 병원 간호부장 에스더

양의 보석운동이 주효(奏效)하여 급기야 예심에 회부된 지도 반 년이나 넘은 피고 김양은 5월 하순에 분명히도 출감되는 동시에 이역녀(異域女)의 따뜻한 간호를 받으며 전지(轉地)정양(靜養)하는 몸이 되었습니다. 성북동 어느 농가에서 치료하기는 다음 해 봄이었으나 경과가 불순(不順)하여 병세는 나날이 역전해가며 폐병의 증세까지 합세되어 중태에 떨어져 임상의사가 땀사발이나 흘리던 그 시절의 일입니다.

바로 이때외다. 외사촌이라는 척분(戚分)을 내세우며 한양병원을 비상히 출입하는 소장신사 한 분- 그는 **정부에서 특파한 윤응념씨로 사람의 눈을 피해가며 환자를 찾아들어 밤이 깊도록 무엇인지 권유도 해보며 설복도 꾀한지 몇 달만에야 그들의 구수(鳩首)회의 (구수회의 : 비둘기들이 모여 머리를 맞대듯이 여럿이 한자리에 모여 앉아 머리를 맞대고 의논함. 또는 그런 회의. 비슷한 말로 구수응의·구수협의) 는 마침내 성립을 보게 되었습니다.

명멸자재(明滅自在)한 혜성(彗星)

요란한 엔진을 통제하는 택시의 기어 소리가 적요한 장안의 밤 공기를 흔든지도 몇 시간이 못되어 그들은 제물포(인천) 어느 중국교회 대강당으로 자취가 잠기며 무거운 숨소리만을 두어 번 남기게 되었습니다. 이 날이 바로 토요일 아침 아직도 수만 명의 부민(府民)은 꿈 동산에 헤매는 이른 새벽의 일장 활극이었다면 너무나 황당한 노릇이 아니고 무엇입니까.

한 주일 유해가며 신병(身病)을 조섭(調攝)하던 그 일행이 승야탈국(乘夜脫國)의 프로그램을 진행하는 날도 필시는 오고야 말았습니다. 인천 부두에는 중국 마님으로 변장한 2-3인의 부인네와 수명의 남성들이 일엽편주에 몸을 싣고 황해에 창광(猖狂 : 미친 것같이 사납게 날뜀) 한 물결을 헤쳐 가며 수평선 저 너머로 외로운 그림자가 사라져버렸습니다.

사흘이 지난 어느 날 석양녘에 우연히 중인(中人)의 큰 상선 한 척을 만나 수루(水涙)와 병고로 중태에 빠진 젊은 새조선의 일꾼을 옮겨 싣고 아무 꺼림도 없이 두고두고 동경하던 자유의 나라를 향해 가며 뭉게 뭉게 피어오르는 구름자취를 정복하게 되었습니다.

한 주일 후 그들은 중국 땅 위해위에 투?(投?)하자 응급수당을 더하는 한편 어느 미션학교 층 하나를 빌어 병실과 호텔로 겸용하게 되니 이것이 이역(異域) 한창(寒窓)에 병객의 몸으로 망명생활을 시작하는 제1막이었다고 하면 한낮 기적으로나 생각될 뿐이외다.

고모부 서병호씨가 환영 온 때는 윤씨와 작별한지도 두 주일이 되었습니다. 몸이 다소 회생되자 갈 길을 재촉하는 동시에 일엽(一葉)을 당국에 날려 상해행(行)을 통고하던 당시 심경은 과연 어떠하였겠습니까! 오직 감격과 법열에 울던 씨(氏)의 승리감이야말로 어찌 조롱(鳥籠)에 갇혔던 한 마리 새의 해방에 비할 바만 되겠습니까?

동명(東明)의 나라에 빛나던 혜성이 백두산 너머 중원의 넓은 들로 잠들며 다시 돌아올 기약도 못하던 그 시절의 심회야 독자도 추측하고 남음이 있을 것이외다 .(6행 략(略))

　황포강 저믄 안개

　꿈바다에 어린 듯

황포강 저문 안개 속에 화수은대(花樹銀大)가 빛나는 안개밭 밑에서 찾아주는 한 떼의 백조야말로 젊은 망명객의 마음바다에 어렸던 황혼까지도 깨쳐주며 새로운 운명의 실마리를 던져주는 초저녁 단장(短杖)에 몸을 의지하고 상해에 천 인(印)을 친지도 생각하면 12년 전 옛날의 한 토막 기억이외다.

다각적(多角的) 인물

씨(氏)야말로 모험사상에 당(當)한 강직하고도 열렬한 인품이외다. 종교적 정조교육의 감화가 큼인지 동지에게 대하는 신의가 남달리 두터운 바가 있거니와 자기의 신조와 주장에는 죽음이 문제가 안되는 힘과 열의 소유자이외다. 때로는 청렴한 도학자의 냄새도 나려니와 제1선에서 싸워나가는 용사의 활기와 투기가 만만한 분명히도 다각적인물이외다.

성탄제의 즐거운 종소리가 울려올 때 일만 양키들이 아름다운 예물상자를 헤쳐가며 즐기던 저녁 기숙사 타국녀 어멈의 고적한 눈물을 씻어주며 위로한 이도 씨(氏)요 저물어가는 노을을 엿보며 인생의 젊음을 슬퍼하는 홍인종(紅人種)의 비련애가에 가슴을 태운 이도 분명 김양이었다.

천하고 약한 무리가 부강한 자에게 짓밟힘을 볼 때 열렬히 불타는 공분에 타올라 반항의 깃발을 높이 든 이도 씨(氏)요 공사를 미분(未分)하고 좌왕우환하는 우리의 지사 이**박사에게 일장의 권고와 힐책을 한 이도 미상불 조선 여성으로서는 그가 있을 뿐이외다. 수천의 세계여성이 회합한 세계적 모둠에서 이름도 모르는 코리아를 대표하여 일장 열변을 토해서 수만 청중을 놀라겐들 못하였으며 수백의 흩어진 조선의 일꾼을 모아 명일(明日)을 위한 묵계(黙契)와 제□(提□)를 굳게 하는 우리 학생총회의 사령관인들 사양만 하였겠습니까? 여기에서 붓을 돌려 씨의 어린이 시절과 수양을 알아보기로 합시다.

학창생활의 곤란(困難)

1894년 7월 11일 씨는 서양인의 유적지로 이름 높은 황해도 장연군 송천동 소래 비치에서 고(故) 김윤방씨의 한 따님으로써 유(類)다른 첫울음 소리를 내었다고 합니다. 일찍이 부모가 구몰(俱沒 : 양친(兩親)이 다 돌아가심) 하고 생활난에 부딪쳐 8남매가 하나 둘씩 떨어지고 지금은 오직 출가한 두 자형이 생존해 있을 뿐이외다. 12살이 다가기 전에 사랑하는 어머님조차 영면하고 마니 온갖 파란과 풍상이 꼬리를 물고 일어나 잔약한 어린 몸을 싸고 돌았습니다.

간신히 고향의 소학교와 정신여학교를 졸업한 후 광주 수피아여학교에 취직하게 되니 이것이 사회에 나서는 제1보이었습니다.

3년이나 근실하게 봉직하고 1912년 가을 현해탄을 건너 1년이나 광도(廣島)여학교에서 수학한 후 다시 모교인 정신에서 교편을 쥐고 육영사

업에 종사하나 천리(千里) 붕조(鵬鳥)의 장지(壯志)와 홍도(弘圖)를 알아
주는 이조차 없었습니다. □□ 일오(一悟)한 바 있어 1916년 홀연히 정신
을 사퇴하고 동경여자학원에 유학하여 전문학교까지 수료하였습니다.

「촌심(寸心) □ 부진(不盡)
　전로(前路) 일(日) 장사(將斜)」
금의환향하던 그 해 봄이야말로 민족만년의 갱생(更生)을 부르짖는 을미
년 봄이라 그는 귀국하자 학생만세사건에 연좌되어 박인덕, 나혜석, 신
줄리엣여사와 같이 하옥되었다가 증거불충분으로 인해 일단 무죄석방이
되었습니다. 그러나 염염히 끓어오르는 일의(一意) 보국(報國)의 열원이
불타고 있었음이야 어이하랴! (7행 략(略))
이화계 인물들이 총퇴각을 선언하건만 씨(氏)만은 포신(砲身)독왕(獨往)
이라도 불사하기를 일결(一決)하고 흔연히 애국부인단에 가맹하였습니
다. 이 단체의 활동과 내용을 여기에 기록할 바가 못됩니다만은 당시의
주요한 역할들의 프로파일만이라도 적어보렵니다.
김회장 이하 이혜경씨가 부회장, 총무에 황에스더 김영순씨가 서기 임
(任)에 합쳐 9명의 총임원을 거느리고 갖은 방면에 활동하던 단체가 호
사다마(好事多魔)나 동(同) 단의 창설자격인 오**여사의 밀고(密告)는
국권을 확장(擴張)하자- 여자를 교육하자는 슬로건 밑에서 2천의 회원
을 싣고 항해하던 이 배도 마침내는 좌초되는 동시에 다음 해 6월 18일
상고의 결과는 동선(同船)의 선장격인 김양에게 2년형을 언도하였습니다.

탈국(脫國)의 모험

그러나 육체와 정신적 피로가 극도에 달하고 또한 □□의 몸까지 되고보니 설상가상으로 나날이 건강은 쇠하여 병환은 중태에 빠지고야 말았습니다. 상기한 바도 있거니와 보석출감이 허락되자 전지치료하여 다소 회복기에 들어서자 복종을 명하는 추상같은 계엄령이 일하(一下)합니다. 생각하니 깨어진 몸을 가지고 다시 복역생활을 한다고 하면 오래지 않아 차디찬 죽음으로 위협하는 현실의 문이 열릴 것을 잘 아는 그는 비록 강철같은 의지와 용기인인 그도 다소의 전율이 없었을 것은 아니외다. (6행략(略))

오냐 - 탈국을 하자 - 그리고 넓은 나라와 자유로운 세계로 몸을 돌려보자 동도 좋고 서도 그만이다. 천애(天涯)지각(地角) 하늘 밑에 수평선을 찾아 헤매는 몸도 무방이다. 집시의 악단은 어떠며 홍인종의 유거(幽居)인들 사양하랴- 숙연 일오(一梧)한 바 있어 모험의 길을 걸어 중국여인의 변장을 하고 등단(登壇)하게 된 최후의 일로(一路)가 있었습니다.

상해에서 미국으로

혜성같이 사라진 그는 상해 천지에서도 이상한 광채와 변화를 일으키고야 말았습니다. 1년이나 두고 학창(學窓)에 몸을 던졌던 그는 다시 몸을 돌려 수백의 **원들이 일당에 모인 국민대회에서 열하 같은 웅변을 토하기도 한 두 번이 아니었다고 합니다.

넓은 중국의 천지도 좁은 듯이 지남지서(之南之西)로 풍진을 무릅쓰고 광복운동에 역신(役身)하던 그가 1923년 23일 상해를 해□한 웰손호에 몸을 싣고 표현히도 중국땅을 하직해버렸습니다.

외유(外遊) 10여년

한 해를 나성에서 지나고 24년 9월 미조리주 팍 대학을 향해 행리(行李 길 가는 데 쓰는 여러 가지 물건(物件)이나 차림. 행장.) 를 수습할 때까지도 건강의 회복은커녕 한 걸음 더 나아가 적수공권(赤手空券)인 룸펜의 신세- 산 설고 눈 설은 해외 만리에 떠도는 몸이 수중에 돈 한푼 없으니 어찌 겹쳐드는 곤란인들 하나와 물로서 헤었겠습니까? 더욱이 아직껏 쇠약한 몸에 신경병에 시달리던 그 시절에 있었으랴! 죽을 욕과 고경을 쳐가며 3년이나 남아두고 형설의 공을 쌓은 결과 졸업하게 될 때는 알지 못할 한 줄기의 감격의 눈물도 없지가 않았을 것이외다.

그 후 1년을 시카고 대학에서 사회학을 전공하고 다시 유랑객의 몸을 지어 동부를 편답하다가 컬럼비아 대학에 입학하기는 28년도 늦은 가을이었다고 합니다. 문학사 위(位)를 받은 후 연해 뉴욕신학교 종교교육과에서 3년이나 연구한 결과 다시 영예의 종교교육학사위까지 수여케 되었다고 합니다.

28. 조선 기독교 여성 운동 - 원산 여자 신학원 교수 김마리아

해설 :

1934년 1월 1일(소화 9년 1월 1일)「종교시보」제1호에 기고한 김마리아의 글

본문 :

조선 기독교 여성 운동

필자 해외에 생활한 지 10여년이었고 돌아온 지 얼마 안되어서 역시 시골인 원산에 살게 되고 보니 조선 현 사회정세와 여성 운동에 대한 일반적인 경향이 어떻게 되어 가는 것을 정확하게 알지 못하는 까닭이다. 이 점에서 여러분의 양해를 바란다.

하나님께서 태초에 우주를 창조하신 후에 일남일녀를 창조하시고 인권에 대한 차별이 없이 아담과 이화에게 만물을 주관하라고 명하셨으며 예수께서도 부부는 일신이라 가르치셨고 여자를 열등시 하신 일은 한번도 없었다. 사도 바울 역시 예수 그리스도 안에는 남자와 여자의 분별이 없다고 말씀하셨다. (갈3:28-) 이러한 사실을 불고(不顧)하고 어떤 사람들은 성경 전체로서의 의미를 해석하지 않고 자기의 주장을 고집하기 위하여 성경을 부분적으로 해석하는 폐(弊)가 많다. 예컨대 교회 안에서 남녀를 차별시 하기 위하여 [고전 14:34-과 딤전2:12-]을 인용하는 것이다. 그러나 여기서 남자들에게 여성 해방이나 여 자권 운동을 부르짖지 않으

련다. 그것은 우리 여자가 본시 누구에게 구속된 것이 아니었고 권리가 없는 것이 아니기 때문이다.

(1) 여성 운동의 필요가 무엇인가를 몇 가지 들어 보련다.

1. 여교인수가 많으니 일도 많이 해야 되겠다. 숫자적으로 분명히 모르나 직접 보는데로 우리 교회 출석원 중 2/3는 여자이다.

2. 여자는 교회의 어머니다. 혹은 여자는 인류의 어머니라고 한다. 누구나 그 국가의 문명 정도를 볼 때 먼저 여자를 보고 사회나 가정에서도 먼저 여자를 본다. 우리 조선 여자의 정도는 남자만 못하다. 그러나 조금도 여자로서 손색도 없고 남자로서 자랑할 것도 없다. 그것은 남자는 4천년의 교육을 받았다. 그러나 여자는 불과 3-40년의 교육 밖에는 안된다.

그런데 우리가 가정이나 국가의 중임을 가지고 있으니만치 힘쓰지 않으면 안되겠다. 이것에 좋은 예가 역사적으로 얼마든지 있다. 그 중에 하나를 든다면 고대 희랍여자나 그들은 몸소 뇌동을 부지런히 하였고 가정이나 사회의 중심이 되는 책임을 맡았고 그 국가는 부함에 이르렀던 것이다. 그러나 그들의 노력으로 부함에 이르렀을 때 그들은 사치하고 놀 때 그 나라는 망하고 말았다. 그래서 여성운동의 필요가 더욱 절실히 느껴진 것이다.

(2) 여성운동의 발전이 어떤가?

1. 과거 - 우리 여자교육이란 불과 가정에서 재봉과 음식 만드는 것을 배

울 뿐이었다. 그러나 교회가 들어온 뒤에 학교의 교육을 깨달았고 교회에 나가서는 전도의 의무감을 가졌던 것이다. 그리고 교회에 대한 중심 역할을 하였던 것이다. 즉 연보를 열심히하여 교역자의 봉급을 공급하는 것이나 직분의 투표에 가결권을 가진 것이다. 자립의 정신에 다대한 힘을 가졌던 것이다.

2. 현재 - 널리 모르나 내 교회 현상을 보면 주일학교 선생이 근 20명 중 2인의 남선생 외에는 없다. 직분에도 여자들이 성의껏 한다. 자선사업 방면에도 주력한다. 전도회도 조직되고 회원은 900명 가량인데 만주에 전도인까지 파송하였다. 불과 40년 교육받은 자들의 활동이 얼마나 훌륭한가? 지난 여름도 원산 물산공진회 시기를 이용하여 여자청년회들은 떡장사도 한 일이 있다. 재봉강습회를 하는 데도 재미있었다.

(3) 우리 여자들의 책임

1. 가정에 대한 책임 - 평화와 불평의 중심인물은 여자다. 자녀교육에 대한 중임을 이행할 것.

2. 교회에 대한 책임 - 교회에 대하여서도 가정에 대한 감상을 가지고 교회에 발전을 도모할 것.

3. 사회에 대한 책임 - (가) 여자기독청년회 (나) 절제운동

(4) 정신적 운동

모든 것보다 제일 필요한 것은 이 운동이다. (이하략(以下略))

29. 기려수필(騎驢隨筆)

해설

기려수필(騎驢隨筆) 원본은 저자가 정리한 다섯 책과 일부 정리되지 않은 원고
로 남아있던 것을 국사편찬위원회에서 1955년에 한국사료총서 제2권으로 편
찬하여 한권의 책으로 발행하였다. 기려라는 제목의 이름은 중국 명나라 기려
도사가 명나라가 망한 뒤에 명말 충신의 사적을 수집했던 예를 따라서 애국지
사의 사적을 편찬하면서 이름을 붙인 것이다.
- 송상도(宋相燾), 호는 騎驢者. 1871 - 1946, 대한제국말기부터 8·15해방까
지 애국지사들의 사적을 기록하였다.

본문 :

金瑪利亞 (騎驢隨筆 收錄)

金瑪利亞女史, 黃海道松禾人, 後移居京蓮池洞, 乃耶蘇信者也, 四處
失怙, 十四又失恃, 其母臨命, 謂長女含羅美艶曰, 今日時代, 雖女子
不可無學, 瑪利亞使遊學外國, 以副吾願, 是以含羅兄弟縱瑪利亞學
貞信女校, 仍執教鞭, 後往日本東京, 入女子學院大學部英文科, 己未
(一九一九年) 春聞三一運動大起, 卒業期不幾日而乃返國, 與同志黃愛
施德亦運動, 被逮囚西監, 七月始得釋, 初號萬歲者, 太半是信徒, 是以

四月明信女校師吳玄洲,與其妹吳玄觀·看護婦李貞淑·爲在監信徒, 欲差入其私食, 保護其家族, 京城設愛國婦人團, 與女史李병수, 大朝鮮愛國婦人團相聯絡, 靑年外交總務李秉澈, 諭吳玄洲合兩團, 爲大韓民國愛國婦人會, 以吳玄洲爲會長, 瑪利亞聞之, 與黃愛施德遂入會, 糾合婦人, 以爲欲擴張, 玄洲有事抵觸, 會因不振, 瑪利亞大爲忿慨曰, 爲國而死, 雖死何恨, 九月檄諸支部, 會宣教師美婦人家, 時李惠卿·黃愛施德·辛義敬·朴仁德·吳玄觀·李貞淑·尹進遂·李誠完·白信永·張善禧等, 會者二十人, 瑪利亞擧大韓獨立, 演說移時, 辭氣益悲壯, 於是衆推瑪利亞爲會長, 京城置本部, 各省·列郡又置支部, 遣人上海, 得假政府援助, 布哇흘놀루루有我人愛國婦人會, 相通其氣脈, 十月輔金二千元自布哇來, 瑪利亞送假政府李承晩, 爲獨立資金, 十一月大邱支部長李今禮, 又密募金員, 慶北第三部知之, 搜京城李炳奎家宅, 得證據, 捕瑪利亞等二十餘人, 淫刑取調, 瑪利亞腦血出耳鼻口如水湧,

김마리아여사는 황해도 송화(松禾) 사람으로 후에 서울 연지동으로 이주해 살았으며 예수교 신자였다. 4살 때 아버지를 여의고 14살 때 또 어머니를 여의었다. 그 어머니가 임종할 때, 큰 딸 함라, 미염에게 이르기를, "요즘 시대에 비록 여자라도 배우지 않을 수 없으니, 마리아를 외국에 유학 보내 나의 소원에 부응케 하라." 라고 하였다. 이로 인해 함라 자매는 마리아가 정신여학교에서 배우고 교편을 잡도록 하였다. 후일 일본 동경으로 가서, 여자학원 대학부 영문과에 입학하였다.

기미년(1919) 봄 삼일 운동이 크게 일어났다는 소식을 듣고, 졸업이 며칠 안 남았는데 이에 귀국하여, 동지 황에스더와 함께 운동하다가 체포되어 서대문 형무소에 갇혔고 7월에 비로소 풀려날 수 있었다. 처음에 만세를 부른 사람은 태반이 신도들이었으니, 이로 인해 4월 명신여학교 선생 오현주와 그 언니 오현관, 간호부 이정숙이 수감된 신도들을 위해 사식(私食)을 들여보내고 그 가족을 보호하고자 하였다.

경성에서 '애국부인단'을 설립하고 여사 이병수와 '대조선애국부인단'과 서로 연락하였다. 청년 외교총무 이병철이 오현주에게 두 단체를 합쳐 '대한민국애국부인회'를 만들게 하고 오현주를 회장으로 삼았다. 마리아가 그것을 듣고 황에스더와 함께 드디어 입회하고 부인들을 규합하여 세를 확장하고자 했다. 현주가 어떤 일에 저촉되어 모임이 부진하게 되자 마리아가 크게 분개하여 이르길, "나라를 위해 죽는다면 비록 죽더라도 어찌 한이 되겠는가?" 라고 하였다. 9월, 여러 지부에 격문을 돌려 미국 선교사 부인 집에서 모였다. 그때 이혜경, 황에스더, 신의경, 박인덕, 오현관, 이정숙, 윤진수, 이성완, 백신영, 장선희 등 모인 사람이 20명이었다. 마리아가 대한독립을 들어가며 연설이 이어질 때, 말의 기운이 더욱 비장하였으니, 이에 무리가 마리아를 추대하여 회장으로 삼았다. 경성에 본부를 두고 각성과 열군에 또 지부를 두고 상해로 사람을 보내 임시정부의 원조를 얻을 수 있었으며, 하와이 호놀룰루에 우리 애국부인회가 있었는데 그 기맥이 서로 통하여 10월에 보조금 2,000원이 하와이로부터 왔다. 마리아가 임시정부 이승만에게 보내 독립자금으로 만들었다.

11월 대구 지부장 이금례가 또 몰래 돈과 사람을 모집하니 일경(日警)
경북 제3지부가 그것을 알고 경성 이병규의 집을 수색하여 증거를 얻고,
마리아 등 20여명을 붙잡아, 혹독한 형벌로 취조하니 마리아의 뇌 속의
피가 눈, 코, 입으로 흘러 나와 마치 물이 솟구치듯 하였다.

裁判長曰, 組汝會在大正何年, 瑪利亞曰, 吾只知有西曆, 不知有日本年
號, 又曰朝鮮之人運動其朝鮮獨立何不可, 男子方活動, 女子安得不活
動, 小不屈, 河村檢事曰, 雖朝鮮人, 旣爲合倂, 則皆日本臣民, 今瑪利亞
妄自膽大, 傲慢特甚, 此大逆不道, 不嚴刑懲之, 治安不可維持, 以求刑
五年, 初瑪利亞雖女史, 嘗馳聘外國, 隨意活潑, 如高空之鳥 大壑之魚,
不受羈絆, 一朝爲籠罟, 不得自由, 非毒刑, 易爲病, 況累爲拷掠, 其楚毒
無比乎, 是以瑪利亞因病呻吟, 肉盡骨立, 及公判, 瑪利亞輿疾出廷, 五
味裁判長命出去, 瑪利亞以毛褥擁身, 白巾掩面, 乃臥輿而出, 傍聽者見
其形如夷槃, 莫不泣下, 突爾法庭便作一悲淚世界也, 覆審判長原田決三
年, 庚申 (一九一九年) 四月晦, 得保釋, 비상악골층 ?非東醫所治, 往京
城之西醫院世富蘭偲治之, 不奏效, 十月又入漢陽院, 是以瑪利亞受刑,
三年而不服役, 至是有逮捕令, 乃索之, 辛酉 (一九二一年) 六月瑪利亞
已退院去上海也, 是年春三月 瑪利亞初退院, 變名槿圃, 經市外城北洞,
以潛伏籌備, 團長尹應念, 勸走之海外, 瑪利亞欲出奔, 而諸具未劃, 淹
留不發, 恐見疑, 復入世富, 至六月又退院, 將陽傘遮面, 往中國料理店,
夜裝中國服, 至仁川, 以爲欲出走, 而發車眩, 留仁川七日, 與假政府員

軍事局長都仁權夫人·軍務叄事金兢俊及崔元孝等家族七人·青年革命家
二人, 買中國船, 乘夜半出帆, 及移舟, 皆莫不泣下, 獨瑪利亞始得自由,
其灑然如脫籠罟也, 須臾迫席島, 因風留三日, 黃海之松禾乃瑪利亞生長
地也, 船頭望松禾, 遂作歌以寫懷, 瑪利亞累日海路, 又發舟眩, 以至受
모페注射四五, 舟中皆爲金孃, 或祈天·或絮泣, 其一端誠線, 每日繞金孃
身不離也,

재판장이 말하길, "네가 모임을 조직한 것이 대정(大正) 몇 년이냐?"라
고 하니, 마리아가 말하기를, "나는 다만 서양력이 있다는 것만 알지 일
본 연호가 있다는 것은 알지 못한다." 또 말하기를, "조선 사람의 조선
독립운동이 어찌 잘못된 것인가? 남자가 바야흐로 활동하는데 여자가
어찌 활동하지 않을 수 있겠는가?"라고 하며 조금도 굽히지 않았다. 하
촌(河村) 검사가 말하길, "비록 조선인이라도 이미 합병이 되었으니, 모
두 일본의 신민인데, 지금 마리아는 망령되게 저만 담대하여 오만불손이
매우 심하다. 이는 대역무도한 것이니, 엄한 형벌로 징벌하지 않으면 치
안을 유지할 수 없다."라고 하며, 5년을 구형하였다. 처음에 마리아가
비록 여사의 몸이지만 일찍이 외국을 드나들며 자유롭고 활발하여 마치
높은 하늘의 새나 큰 물속의 새처럼 얽매임이 없었으나 하루아침에 새장
에 갇히고 그물에 걸린 신세가 되어 자유를 얻지 못하게 되었으니, 혹독
한 형벌이 아니라도 쉽게 병이 들것인데, 하물며 고문이 계속되어 그 고
초가 비할 데 없는 지경에 있어서야! 이 때문에 마리아는 병으로 인해 신

음하며 살이 말라 **뼈**만 솟았다. 공판에 미쳐 마리아는 병들어 수레에 실려 법정에 나섰다. 오미(五味) 재판장이 명하여 나가라고 하니, 마리아가 털 달린 요를 몸에 끌어안고 흰 수건으로 얼굴을 가리고 수레에 누워 나갔다. 방청석에 있던 사람들이 그 모습이 이반(얼음을 채워 시체를 얼리는데 사용하는 큰 쟁반)과 같음을 보고 눈물을 흘리지 않는 이가 없었으니 돌연 법정이 하나같이 슬피 눈물을 흘리는 세계가 되었다. 심판장 원전(原田)이 3년 판결한 것을 뒤집어 경신년(1919) 4월 그믐 보석되었다. 상악골 축농증은 동양 의학으로는 치료할 것이 아니어서 경성의 서양 의원 세브란스에 가서 치료하였으나 효과를 보지 못하였다. 10월에 또 한 양원에 입원하니 이 때문에 마리아가 형을 받은 것이 3년이었으나 복역하지 않자 체포령이 내려져 곧 그를 수색하게 된다. 신유년(1921) 6월 마리아는 퇴원한 후 상해로 떠났다. 이해 춘삼월 마리아가 처음 퇴원했을 때, '근포(槿圃)'로 이름을 바꾸고 시외 성북동에서 지내며 잠복을 준비하였다. 단장 윤응념이 해외로 도주할 것을 권하니 마리아가 탈주하고자 하였으나 여러 도구가 아직 마련되지 않아 떠나지 못하고 체류하였다. 의심을 살까 염려하여 다시 세브란스 병원에 입원했다가 6월이 되자 또 퇴원했다. 양산으로 얼굴을 가리고 중국요리점에 가서 밤에 중국 복장으로 꾸미고 인천에 도착하여 탈주하고자 하였으나 차멀미가 나서 인천에 7일 머물렀다. 임시정부요원 군사국장 도인권 부인, 군무참사 김긍준과 최원효 등 가족 7인, 청년 혁명가 2인과 함께 중국 배를 사서 야반을 틈타 돛을 내걸고 배로 옮겨 타니 모두 눈물을 흘리지 않는 이가 없었다.

유독 마리아는 비로소 자유를 얻었으니 그 시원함이 마치 새가 새장을, 물고기가 그물을 벗어난 것과 같았다. 잠시 석도(席島)에 정박하여 바람 때문에 3일을 머물렀다. 황해도 송화는 곧 마리아가 태어나고 자란 곳이었다. 배 머리에서 송화를 바라보고 드디어 노래를 지어 감회를 읊었다. 마리아가 바닷길에서 여러 날을 보내니 또 배 멀미가 생겨 네다섯 차례 주사를 맞기에 이르렀다. 배안에서 모두 김양을 위해 혹 하늘에 빌고, 혹 줄줄 눈물을 흘리니 그 일단의 정성스런 눈물 줄기가 매일 김양의 몸을 둘러싸서 떠나지 않았다.

去路或無風立舟海上, 其不能往來之者亦累日, 是以每夜聽船夫祝風之聲, 如不能生, 見日出則始知爲陽界焉, 積八日, 至抵威海衛, 宿恙再燃, 不可搭船, 乃先送其一行, 孤臥客窓四無相弔, 萬難得生, 會有一女史看護甚誠, 幸虧得八日不死, 於是徐炳浩自上海來領金孃而去, 瑪利亞至上海常頭痛, 若不髮或有益, 遂斷髮, 又病心臟, 往蒲石路某病院治療, 至晚秋始良已, 前後略三四朔, 及退, 臨時政府調黃海道代議士, 上海又有愛國婦人會, 請瑪利亞爲幹部, 瑪利亞晝夜勤政會, 兩務一不廢焉, 見者咸稱之, 瑪利亞曰, 救我同胞, 不但在政治, 亦在其敎育, 欲遊學美洲, 遂先經南京之金陵大學, 癸亥 (一九二三年) 六月二十一日乃登船, 太平洋是天下之險, 而美洲在其西, 不知幾千萬里矣, 上海有金奎植·徐炳浩此兩人, 皆孃之姑叔, 而又姑母在矣, 同志在矣, 然則上海可謂故國, 而瑪利亞, 不顧遠涉絕海, 七月十一日至桑港, 宿海上凡二十二日, 是以崇瘴

癤, 留加洲一年, 風氣調適, 同胞又多, 客味無生, 而囊橐漸竭, 學費無策, 或臨溪而釣, 或工場而役, 乃以吾身健康, 爲資本, 至是宿恙又荐發, 往켄사市某院, 以療病, 及愈, 入미소라주팍빌在팍大學文科部, 乃甲子 (一九二四年) 九月日也, 瑪利亞無學資爲半工生, 而才聰敏, 其課績每尤人, 校長以下皆敬愛之, 十月某新報有瑪利亞不名譽底記事, 一時雌黃紛紛, 後聞其校長에푸·따불유하올리氏之言, 則乃無根也, 丁卯 (一九二七年) 秋中外報記者李晶燮至美國, 見瑪利亞, 其廣面沐漆兩眼五分爲臉毛所蔽, 其氣似無良, 而眼線眼球, 愛嬌自油然而生,

가는 길에 혹 바람이 없으면 바다 위에 배가 서서, 그 오갈 수 없는 것이 또한 여러 날이었다. 이 때문에 매일 밤 뱃사공이 바람 불기를 비는 소리를 들어야 했으니 살 수 없을 것 같았다. 해가 뜨는 것을 보고서야 비로소 이승이라는 것을 알게 되었다. 8일이 더 지나 위해위(威海衛)에 이르렀다. 묵은 병이 다시 도져 배에 탈 수 없어 이에 먼저 일행을 보내고 홀로 여관방에 누우니 사방에 조문할 이도 없는 터에 전혀 살 수 있기를 기대하기 어려웠다. 마침 한 여사가 매우 지극히 간호하니 다행히 8일 만에 죽지 않을 수 있었다. 이에 서병호가 상해로부터 와서 김양을 인도하여 갔다. 마리아가 상해에 이르러 항상 두통이 있어 만약 머리털이 없으면 혹 유익할까 하여 드디어 머리털을 잘랐다. 또 심장에 병이 들어 포석로의 모 병원에 가서 치료하였더니 늦가을에 이르러 비로소 좋아졌다. 퇴원할 즈음해서 전후로 약 서너 달 임시정부에서 황해도 대의사로 임명

했다. 상해에 또 애국부인회가 있어 마리아에게 청하여 간부로 삼으니, 마리아가 밤낮으로 부지런히 모임을 맡아 두 가지 일을 하나도 그만두지 않자, 보는 사람들이 모두 그를 칭송했다. 마리아가 이르길, "나의 동포를 구원하는 길은 다만 정치에 있을 뿐 아니라 또한 교육에도 있으니 미국에서 유학하고자 한다." 라고 하였다.

드디어 먼저 남경의 금릉대학을 거쳐 계해년(1923) 6월 21일 배에 올랐다. 태평양은 천하에 험한 곳이고 미국은 그 서쪽에 있으니 몇 천만리인지 알 수도 없었다. 상해에 김규식, 서병호가 있었는데, 이 두 사람은 모두 김양의 고모부였다. 또 고모도 있었고 동지도 그곳에 있었다. 그런즉 상해는 고국이라고 할 만한데 마리아는 돌아보지도 않고 까마득한 바다를 멀리 건너갔다. 7월 11일 홍콩에 이르렀다. 해상에서 머문 것이 모두 22일 이었으니 이 때문에 풍토병의 빌미가 되었다. 캘리포니아에서 1년 머무니 풍토와 기후가 알맞고 동포 또한 많아 객지에서의 괴로움이 생기지 않았다. 호주머니가 점점 비어 학비를 마련할 방법이 없자 어떤 때는 냇가에 가서 낚시하고 어떤 때는 공장에서 일을 하며, 내 몸 건강한 것이 재산이라고 여겼다. 이즈음에 묵은 병이 또다시 도져 켄사스 시 모 병원에 가서 병을 치료하였고, 병이 낫자 미주리 주 파크빌시에 있는 파크대학 문과부에 입학하였다. 갑자년(1924) 9월에 마리아는 학자금이 없어 반절만 공부하는 학생이 되었으나, 재주가 총명하여 과목 성적은 매번 남보다 뛰어났다. 교장 이하 모든 사람들이 그를 공경하고 사랑했다. 10월 모 신문에 마리아에 대한 불명예스런 기사가 나서, 일시에 의견이 분

분했다.

뒤에 그 교장 F.W. 하올리 씨의 말을 들으니, 사실무근이었다.

정묘년(1927) 추중외보(秋中外報) 기자 이정섭이 미국에 와서 마리아를 보니 얼굴은 넓고 머리는 옻칠한 듯 까맣고 두 눈이 살짝 뺨의 털로 덮여 있었다. 그 기운이 선량하지 않은 것 같았으나 눈가와 눈동자에는 애교가 절로 흘러 넘쳤다.

時孃, 在시코카大學圖書室, 執報務, 每暇下工以誠, 見者莫不感歎, 孃曰數年後將欲歸國, 而司法局頗爲慮, 又曰故國女子界思想益進步, 吾歸得無晚時之歎乎, 晶燮曰, 歲月不爲花而留, 何不爲家, 孃曰先生何出此言, 乃微笑, 時孃年三十有六, 姑未嫁焉 按愛國婦人會, 世或以漆室婺婦譏之, 然大韓雨露嘔濡涵育之恩, 則與男子一也, 今家國見失, 不知其亡國之恨, 豈如唱後庭花之商女耶, 吾知其瑪利亞卽中國光復團之秋瑾女史也, 見瑪利亞不死, 秋瑾乃被逮死, 其生死雖不同, 然及取調, 頭骨之濃血至於出耳鼻口, 則其刑不過去死一間, 而辭氣益悲壯, 少不屈, 其烈可以與於瑾爲竝肩而齊名也, 使世之爲男子者, 其愛國皆如瑪利亞, 則我韓必無今日之日, 以婦人而可少之哉。

그때 김양은 시코카대학 도서실에 있으며 보도하는 일을 맡았는데, 매번 휴가 때도 정성껏 일을 하니, 보는 사람들이 감탄하지 않음이 없었다. 김양이 말하길, "몇 년 뒤에 장차 귀국하려고 해도 사법국(司法局)이 매우 염려된다." 라고 하였다. 또 말하길, "고국의 여성계의 사상이 더욱 진보하고 있으니 내가 돌아간 것이 너무 늦었다는 탄식이 없겠는가?" 라고 하였다. 창섭이 말하길, "세월은 꽃을 위해 머무르지 않으니, 어찌 시집가지 않는가?" 라고 하였다. 김양이 말하길, "선생은 어찌 이런 말을 하시오?" 하고는 곧 미소 지었다. 그때 김양의 나이는 서른여섯이었는데, 아직 미혼이었다.

애국부인회를 보건대, 세간에서는 괜히 아녀자가 세상일을 걱정한다고 조롱하겠지만, 대한의 비와 이슬이 적시고 기르는 은혜는 남자와 일반이니, 지금 나라를 잃게 되었을 때, 망국의 한을 알지 못하고 어찌「후정화」를 부르던 상녀(商女)(당나라 시인 두목(杜牧)이 지은 「박진회(泊秦淮)」라는 시에서 유래한 구절. "상녀들은 망국의 한을 알지 못하고, 강 건너에서 오히려 「후정화」곡을 부르고 있네. (商女不知亡國恨, 隔江猶唱後庭花)" - 편집자 註)와 같이 하겠는가? 내가 아는 마리아는 곧 중국 광복단의 추근(秋槿) 여사이다. 마리아는 죽지 않고 추근은 체포되어 죽은 것을 비교할 때, 그 생사가 비록 다르긴 하지만, 취조할 때 머리뼈에서 끈적끈적한 피가 귀와 코와 입으로 흘러나온 데 이르러서는 그 형벌이 죽는 것과 불과 하나의 차이일 뿐이다. 말의 기운이 더욱 비장하여 조금도 굽힘이 없었으니 그 장렬함은 추근과 더불어 어깨를 나란히 하고 이름을 같이 할 수 있을 것이다. 세상의 남자들로 하여금 나라 사랑하기를 모두 마리아 같이 하도록 한다면 우리 한국은 반드시 오늘과 같은 날이 없게 되리니, 부녀자라는 이유로 과소평가 할 수 있겠는가?

30. 나라사랑 30. 1978

(1) 나의 동지, 김마리아 선생 - 김영순

내가 김마리아 선생을 처음 만나 알게 된 것은 정신여학교에 입학해서였다. 그 당시 선생님은 정신여학교에서 수학교사로 계셨고, 나는 학생이었다. 선생님에게 직접 가르침을 받은 적은 없었지만, 나는 다른 어느 선생님보다도 더 존경하고 있었다. 물론 김마리아 선생을 존경하고 있었던 것은 비단 나만이 아니었다. 선생의 그 준엄한 인격, 굳건한 믿음, 수려한 용모, 이러한 모든 것이 학생들의 존경의 대상이 되었으며, 또한 학생 모두가 마리아 선생처럼 되기를 바랐다.

그 후 선생님은 일본에 유학하러 떠나셨고, 나는 학교를 졸업한 후에 모교의 기숙사 사감이 되었다.

얼마 후에 선생님은 귀국하시어 다시 정신여학교의 교사로 취임하셨다. 그런데, 곧 3·1 운동 사건으로 일제 관헌에게 잡혀 감옥으로 끌려가셨다. 그리고는 모진 고문으로 불치의 병을 얻게 되셨던 것이다.

감옥에서 풀려 나오자 선생님은 당신의 병을 돌보심도 없이 조국의 독립만을 생각하셨다.

"여러분, 우리는 지금까지 독립운동을 해 왔습니다. 그러나, 우리 나라는 아직껏 독립을 하지 못했습니다. 그러니 우리는 모두 나라의 독립을 위하여 더욱 더 노력하고, 독립운동을 적극적으로 추진해야 합니다."

이렇게 말씀하시면서 대한애국부인회를 조직했으며, 그 바쁜 사이에도 우리 후진을 위하여 모교에서 교편을 잡고 교육에 전념하셨다.

그 당시 교육을 받은 학생들은 애국애족하는 정신이 투철하여, 나라를 사랑하고 민족을 소중히 여긴다는 것은 곧 후진을 교육하는 사업에 투신하는 것과, 국산 장려 운동에 참여하는 일이라 생각할 정도였다.

교편을 잡으신 선생님은 식사나 취침 등 모든 일상 생활을 학생들과 함께 하시면서, 항상 학생들에게 나라 사랑의 정신을 고취하시는데 힘쓰시었다.

때때로 아침기도회 모임을 인도하시게 되면, 유태 사람들의 애국 여성을 주제로 한 구약 성서의 '에스더기'에 실려 있는 성경 구절을 낭독하시고는 나라를 위해 기도하셨다.

이러한 선생님의 감화를 받아서인지 학생들도 교정에 있는 회나무 뒤 잔디밭에 모여 구국 기도를 하곤 하였다. 선생님은 평소에 과묵하셨으며, 농담도 하시는 적이 없었다. 그런데, 언제인가 나에게 이런 말씀을 하신 일이 있다.

"나와 김선생(필자)은 결혼도 하지 말고 함께 독립운동을 합시다. 그런데, 나는 불에 구운 것을 좋아하는데 김선생은 좋아하지 않나봐."

이와 같이 마리아 선생은 자신의 장래나 영화 같은 것에 대해서는 개의치 않으시고 오로지 조국의 독립이란 문제에 대해서만 생각하고 계셨다.

우리가 '애국부인회 사건'으로 일경에게 체포될 때는 겨울이 시작되는 11월 28일이었다.

학교 기숙사에 갑자기 들이닥친 일경에게 체포된 우리 일행은 바로 대구로 압송되어갔다. (이 때 김마리아, 장선희, 김영순은 학교에서, 신의경은 자택에서 체포되었다.)

마리아 선생이나 우리들은 그 때까지도 체포된 경위를 잘 모르고 있었다. 그래서 마리아 선생은 기차 안에서 동지들에게,

"우리가 지금 잡혀가지만, 그들이 알고 있는 묻는 것은 대답하되, 모르고 묻는 것은 죽어도 말하지 말아야 합니다."

하고 말씀하셨다. 그리고 옆에 앉아 있던 나를 보시며,

"나는 몸이 약한 김 선생이 제일 걱정스러워, 한 번만 얻어 맞으면 다 말할 것 같애."

하시면서 웃어 보였다. 그 말을 들은 나는 마음 속으로, '내가 죽으면 죽었지 절대로 말 안할 거야' 하고 다짐하였다. 사실 나는 그 때나 지금이나 몸이 약했고, 또 많이 먹지를 못했다. 그러나, 끼니를 거르는 일은 없었다. 그래서인지 압송되어가는 그 때에도 배가 몹시 고팠다.

그래서 무엇이든 먹고 싶다고 했더니, 김선생님은

"이러니 김선생 때문에 큰 걱정이야. 이 판국에 먹긴 뭘 먹어."

하시는 것이었다.

대구 감옥에 수감된 우리들은 사상범이라 하여 각기 다른 방에 수용되어, 서로 연락하고 위안할 기회마저 빼앗겨 버렸다.

우리가 수감되었던 감옥은 ㄱ자 모양으로 되어 있었던 것으로 기억되는데, 아침에 세수하러 갈 때, 음식을 주기 위해서 뚫어 놓은 감방문의 작

은 구멍을 통해 선생님을 잠깐씩 뵐 수 있었을 뿐이었다.

그런데, 마리아 선생을 비롯하여 우리들은 감옥살이를 하면서도 애국부인회의 조직에 관한 모든 일이 탄로난 줄 모르고 있었다. 그러던 차에 우리가 감옥에 갇혀 있는 동안 1 년 여에 걸쳐 사식을 넣어 주던 이자경(정신 출신으로 이혜경 언니)씨에 의해 그 전모를 알게 되었다.

어느 날. 이자경씨가 마리아 선생의 사식 밥을 질게 하여 떡밥을 만들어, 그 속에 얇은 종이에다가 글을 적어 보냈다. 즉, 아무개 집에 감추어 두었던 서류가 전부 드러났다. 그러니 적당히 말하여 악형을 면하도록 하라는 전갈이었다. 이래서 동지 중에 배반자가 있었구나 하는 사실을 알게 되었다. 마리아 선생은 곧 우리들에게도 이 사실을 알리기 위해 청소부를 시켜 전하면서,

"우리들의 서류 가운데 '국권 회복'이란 말과 '결사대'라는 낱말 때문에 형량이 무거워질 것 같으니, 그들에게는 오직 여성교육이 목적이었다고 진술하라."

고 하셨다. 이처럼 선생님은 고난 속에서도 동지를 걱정하셨다.

지금 돌이켜 생각해보면, 처녀의 몸으로 감옥에 끌려가서 붉은 수의를 입었을 때의 서럽던 심정은 무어라 표현할 수가 없다. 그러니 선생님 심정도 나와 같았으리라 생각된다. 일경의 인간 이하의 고문, 감기가 들어 콧물이 나와도 종이를 주지 않아서 코를 풀 수가 없었다. 더구나, 먹을 물을 주지 않아 하는 수 없이 걸레를 빤 물이나 손을 닦으라고 떠다 놓은 물을 먹기 일쑤였다. 이러한 상황 속에서도 선생님은 우리들 동지를 위

해 여러 모로 연락을 하시면서 위로하셨다.

그 후 나는 청소부를 통해서 선생님이 병중이시며, 이로 인해 집행유예를 받으셨다는 것을 알았다. 병보석으로 출감한 선생님은 상해를 거쳐 미국으로 유학하러 떠나셨음을 알고 정말 다행스럽게 여겼다.

해외 망명 13년 만에 선생님은 귀국하시어 원산에 있는 '마르다 월슨 신학교'에 오셨다는 소식을 들은 것은, 내가 결혼해서 원산에 살고 있을 때였다. 그래서 다시 만나 뵐 수 있었으나, 얼마 안 있어 다른 곳으로 이사를 하게 된 까닭에 그 후로는 선생님을 뵐 기회가 없었다.

8·15광복이 되어서야 마리아 선생님이 평양에서 돌아가셨다는 소식을 들었다. 더구나 화장을 하였다는 말에 '무덤이라도 찾아가 울 수도 없구나'하고 매우 섭섭하게 생각하였다.

그러나, 휴전선이 가로막힌 지금 생각해보면 오히려 그렇게 모신 것이 다행이었다고 여겨진다.

바라옵건대, 강한 믿음과 투철한 나라 사랑의 정신으로 평생을 바치신 선생님의 영혼이 하나님과 함께 평안하시길 비는 마음 간절하다.

(2) 내가 아는 김마리아 선생 - 신의경

내가 김마리아 선배를 알게 된 것은 정신여학교에 입학한 후의 일이다. 김선배는 그의 명석한 두뇌와 굳은 의지, 그리고 말없는 실천력의 소유자로서 전교의 모범이 되었었다. 그래서 선생들은 그가 망국의 설움을 씻어주고 자유와 독립의 기수가 되어줄 것을 기대하고 촉망하였다.

그 당시 정신여학교에는 루이스라는 분이 교장으로 계셨고, 저의 어머님이신 신마리아는 교감으로 일하고 계셨다. 그래서 김선배에 대한 이야기는 어머님을 통해서 자주 들을 수 있었다. 김선배는 루이스 교장의 알선으로 일본에 유학할 기회를 얻었다. 그것은 김선배가 뛰어나게 성적이 좋았고, 또 친구들과 어울려 웃고 떠드는 일이 없이 초연한 태도로 자기 할 일만 꾸준히 하는 남성같은 성격의 소유자였기 때문에 선생님들의 신뢰도가 높았었으리라 생각된다. 그는 일본 유학을 마칠 무렵인 졸업기를 앞두고, 나라없는 백성이 졸업장같은 것이 무슨 소용이 있느냐하고, 1919년 2월에 귀국하고 말았다. 그리고는 조국광복을 위한 지하조직과 혁명운동에 착수하였던 것이다. 원래 김 선배는 백절불굴의 용기와 확고한 신념을 가진 분이었기에 동지를 규합한다는 것은 어려운 일이 아니었다. 더구나 사심이라고는 손톱만큼도 없었고, 일편단심으로 자유가 아니면 죽음을 달라는 정열의 아무도 순종하지 않을 수 없었기 때문이다. 그가 목표를 제시하면 우리 애국부인회의 간부들이나 회원들은 일제히 나서서 그가 지시한대로 전진할 뿐이었다. 그렇게 그의 지도력은 탁월했다. 그러므로 만세를 함께 불렀고 생명과 재물을 다 바쳐 생사를 함께 하려 결심할 수 있었다.
이와 같이 선도자의 인격이 감동적이고 실천적일 때, 어찌 분열이 생길
수 있겠는가. 우리들은 김마리아 선배를 중심으로 나라위한 과업을 수행
하는데 온 정신을 쏟게 되었다.

"국민이 자기나라를 사랑하지 아니하면 그 나라를 보전할 수 없다는 것
은, 아무리 어리석은 사람이라 하더라도 알 수 있을 것이다. 인권을 찾고
국권을 회복할 최대의 목포를 향하여 우리에게는 다만 전진이 있을 뿐이
요, 추호의 후퇴라도 용허할 수는 없다. … 우리 부인들은 모두 다 일어
나서 … 공고한 단결을 도모하고자 이 부인회를 조직하는 것이다. … "

이렇게 김 선배는 손수 부인회 조직의 취지서를 만들어 전국적으로 활동
을 확대해 갔다. 김 선배는 변장까지 하고 지방으로 다니며 지방 애국부
인회 조직, 회원 모집, 회비 거출 등의 모든 힘을 다 했다. 또한 상해임시
정부와 연락을 취해서 비밀지령을 받고 군자금을 모아 보냈으며 하와이
부인회에 까지 손을 뻗쳐, 그곳에서도 회비가 송금되어 왔다.
이와 같이 김 선배는 온 힘을 다해 일 했으나 애석하게도 동창이며 동지
인 친구의 배반으로 애국부인회의 활동은 그리 길지 못했다. 그러나 김
선배의 국권 회복의 염원과 여성들도 조직적으로 독립운동을 할 수 있다
는 것은 증명하고도 남았다. 김 선배는 비록 조국의 광복을 눈 앞에 두고
세상을 떠났으나 그의 정신은 우리들 마음 속에서 영원히 살 것이다.

(3) 김마리아 선생을 생각한다. - 오현주

내 나이 87세의 고령인데다가 천문박식하여 '외솔회'라는 말은 금시초
문이나, 좌우간 내 이름 앞으로 왔으니 뜯어나 보리라 하고 살피니, 70년
전 17, 8세 시절, 정신여고 동창생이며 4회 졸업생인 마리아에 대한 청탁
인지라, 김마리아를 생각하며 잠시나마 소녀시절로 돌아가 추억에 잠겨
본다. 지기지우하던 친구이며, 애국동지이다. 인간성은 순후하고 강직하
며, 외유내강하고, 언제 어디서나 솔선수범하며, 자기를 낮추고 남을 존
경하는, 과연 여성 중의 여성이요, 인간 중의 인간이었던 김마리아이다.
 또한 침묵은 금이라 하였듯이 언제나 말이 없는 가운데, 행동이 이루어
졌다. 과거 애국부인회 사건으로 옥중에서 그 참담한 고초를 겪다 못해
고혈압으로 평양 기휼 병원에 입원했다기에 우리 형님(현관)과 노백영씨
의 따님 노숙경 형님, 이렇게 우리 3인은 과일을 조금 사가지고 병문안
을 갔더나, 마리아의 형님 미렴씨가 간호를 하고 있어서 5인이 한 자리
에 모였으나, 아무 말도 못하고 눈물만 흘리다가 헤어졌다. 그 돌아오는
발걸음은 가슴 속 깊이 스며드는 애처로움과 인생의 허무함 때문에 무겁
게만 느껴졌다. 그때에 보았던 마리아의 얼굴이 마지막이 될 줄은 어느
누가 감히 짐작이나 했으니요!
다시는 볼 수 없었던 마리아를 생각하며 우리의 재학 시절을 그려보니
문득 마리아 형제(마리아, 미렴) 와 우리 형제(현관, 현주), 노숙경 5인의
별명이 떠오르는 구려. 그 별명이 무엇인고 하니 누룽지방 형제였는데,

왜 그러한 별명이 붙었는가 하면, 우리 형님 현관씨가 기숙사에서 2년 동안 식사 감독으로 있었기 때문에 하루 세 끼 누룽지를 모으면 거의 한 말씩이나 되어서, 저녁이면 누룽지를 먹어가며 공부를 하는 방이라 하여 붙여진 이름이었다.

그러던 어느 날 눈오는 밤이었는데, 누룽지를 먹다가 지하실에 새우젓 독 안에 다시마가 있는 것을 보았으니 두 오라기만 갔다가 반찬하여 먹자고 하였다. 그래서 다들 좋아라 하였는데, 마리아만은 웃기만 할 뿐 아무 말이 없었다. 우리는 지하실에 가서 다시마를 가져다가 식탁에 놓고, 우리가 식사 시간에 늘 부르던 노래(주여 여기 참석하사 우리 감사 받으소서 천국에서도 이와 같이 아멘)를 부른 후 박장대소하며 시간 가는 줄 모르고 즐겁게 보냈다.

잠을 잘 시간이 되자, 김마리아가 보모님께 사과드리고 와서 자자고 하여 우리 모두는 보모님께 가서

"다시마 두 오라기를 갖다 먹어서 사죄하러 왔습니다." 하였다.

그랬더니 다시는 그런 짓들을 하지 말라고 하셔서 우리는 웃으며 방으로 돌아와 편히 잘 수가 있었다.

이런 일면에서 그의 강직성을 엿볼 수 있는 것이 아닌가.

새삼스레 소녀시절을 돌이켜 보니 그리운 일들이 한 두 가지가 아니구료. 우리 모두가 이제까지 하나님의 사랑 안에서 잘 지내왔음을 감사하며, 앞으로도 하나님의 뜻대로 생활하기를 바랍니다.

(4) 나의 어머니, 김마리아 선생 - 배학복

내가 김마리아 선생과 처음 인연을 맺게 된 것은 1933년 2학기 때부터였다.

당시 나는 신학문을 배우고 싶은 마음에, 19세에 집안 어른 몰래 가출하여 원산의 마르다 윌슨 신학교에 입학원서를 냈다. 입학면담 당시, 교장 선생님 등 네 분의 선생님이 앉으셔서 내게 여러 가지 사항을 물으시는 가운데, 학비 조달에 관한 질문을 하셨다. 나는 가출한 소녀임으로 이에 대한 대답을 명쾌히 할 수 없어 우물쭈물 대답을 하고는 얼굴이 빨개진 채 고개를 떨구고 눈물을 흘렸다.

그때 아무 말씀도 안하고 계시던 한 여선생님이, 저 아이의 학비를 담당하시겠노라고 말씀하셨는데, 이 여선생님이 바로 김마리아 선생님이셨다. 마리아 선생님께서는 이때부터 나의 학자 보증인이 되셨으며, 나는 4원의 월급을 받으면서 선생님의 조수로서 일상생활을 같이하게 되었다.

선생님을 옆에서 가까이 모시게 되면서 선생님의 규모 있으심과 정돈되고 분명한 성품에서 참으로 많은 것을 배웠다. 선생님께서는 모든 일에 성심을 다하셨는데, 특히 강의에 대한 그 분의 성의는 놀라운 것이었다. 선생님의 성서 강의 가운데 다니엘서와 묵시록 강의는 그야말로 정성을 다하여 준비하신 명 강의였다. 강의 주제가 같을 때에도 매번 새로이 연구해서 강의하심으로 꼭 새 강의를 듣는 것 같았다.

선생님께서는 늘 오늘날 우리 민족이 이러한 상황에 놓이게 된 것은 경

제력와 지력 등 모든 것이 없기 때문이라고 하셨으며, 방학 중에는 농촌
계몽을 위하여 여러 농촌을 순회하셨다.

그리고 신앙심이 두터우시며 지도력이 뛰어나, 전국 여전도 연합대회의
회장과 지방회의 회장직을 맡으셔서 늘 분주한 생활을 하셨다. 또한, 당
회는 남자만 참석하는 것인데도 김마리아선생님은 늘 이에 참석하셨다.

선생님께서는 늘 명주로 한복을 지어 입으셨는데, 맡은 바 일이 많으셔
서 언제나 내가 선생님의 한복 수발을 모두 맡아 해드렸다. 선생님의 어
깨는 왼쪽이 조금 올라가 있어, 한복을 잘못 지으면 옷섶이 들려 옷매무
새가 없게 되므로, 나는 선생님의 체형에 특히 신경을 써서 옷을 지어드
렸다. 선생님께서는 늘 내가 해드린 옷이 제일 마음에 든다고 칭찬해주
셨다. 나중에 안 일이지만, 선생님의 어깨가 비뚤어진 것은 일경의 심한
고문 때문이었다고 한다.

선생님께서는 애국부인회 공판 도중 병보석으로 풀려나, 주위의 주선으
로 인천을 탈출하여 위해위를 거쳐 상해로 간너가셨다. 그곳에서 정양하
신 뒤 다시 미국으로 건너가서 신학을 전공하셨다.

조국을 탈출한 지 13년 만에 고국에 돌아오셔서 신학교육에만 전념하게
되셨는데, 선생님께서는 고문의 후유증으로 늘 건강이 좋지 않으셨다.
평소에도 자주 놀라시고, 안색은 누렇고 검어, 늘 병인의 모습이 역연하
셨다. 특히 심한 두통으로 고생하셨다. 고문당하기 전에는 한 번도 머리
아픈 일이 없었다고 하시며, 고문 받을 때 몸에는 상처를 내지 않으려고
머리만을 때려, 그때부터 늘 안개가 낀 것처럼 머리가 윙윙 거리고 아프

다고 하셨다.

조국의 독립을 찾고자 하는 죄 때문에 선생님은 이처럼 평생을 고생하셔야 했다. 아마 고문으로 얻게 된 악성 축농증과 중이염 때문에 그처럼 두통이 심하셨던 것 같다. 선생님께서는 미국에서도 수술을 받으셨으나 완쾌되지 못했고, 1935년에 원산 구세병원에서 축농증과 중이염 수술을 받으신 일이 있었다.

불치의 병으로 고생하시는 선생님께 더 큰 고통을 주는 것은 정신적인 고통이었다. 귀국 당시부터 일경은 선생님으로 하여금 신학교에서 성경 강의 이외에는 하지 못하도록 하였으며, 일경이 선생님의 일거일동을 감시하지 않는 때가 없었다.

1943년 이른바 태평양 전쟁이 발발했을 때 선생님은 졸도하셨는데, 이때 일경이 선생님을 찾아와 졸도로 병석에 누우신 것을 보고도 꾀병이라면서 밤새 지켜본 뒤에야 정말로 졸도한 것을 인정할 만큼 선생님에 대한 감시는 심하였다.

당시 선생님께서는 혼수상태 속에서도 자꾸만 '성경학교 변경 학교'란 말을 중얼구리셨는데, 이것은 성경학교를 고등성경학교로 변경하려고 애쓰시던 가운데 졸도하셨기 때문이었다. 그 열중하셨던 심중의 말씀을 무의식 속에서도 계속 뇌이시는 선생님의 태도에 나는 감화를 받지 않을 수 없었다.

당시 나는 평양의 기독병원에서 식감으로 있었는데, 선생님의 소식을 듣고 주위의 주선 끝에 무료로 입원 시켜 치료하게 하였다. 당시 숭의학교 기숙사를 내과병원으로 쓰고 있어, 그곳에 선생님을 모시게 되었다.

일경의 감시로 인하여 외부인사와의 면담이 일절 금지되어 있었던 까닭에 선생님은 무척 사람을 그리워하셔서, 내가 하루 한 두 번씩 시간 나는 대로 들리면 신문을 내주셨는데, 그것을 읽으면서 오래 앉아있으라는 뜻이었다.

선생님은 평생을 독신으로 지내셨다. 1936년 6월 29일, 당회 참석을 위한 여행 준비를 하고 있던 저녁 무렵에 아이 하나가 업으로 들어왔다. 선생님은 이 아이를 어떻게 할 수가 없어 경찰서로 데려갔다가, 다시 집으로 데려와 키우셨다. 이 아이는 몸이 약하여, 세 번이나 폐렴에 걸리는 어려움을 겪으면서도 정성껏 키우셨는데, 선생님은 이 아이의 이름을 태국이라고 지으셨다. 그 뜻은 '泰國民安'에서 따온 것이었다.

그리고 선생님의 성(姓) '김'으로써 성을 삼아 김태국이라 하였는데, 태국이는 어머님의 가르침을 받아 영리하고 신앙심이 깊어 주위의 사랑을 받았다.

선생님의 태국이에 대한 사랑은 친어머니보다 더 극진하셨다. 선생님의 인자한 품성은 태국이의 양육에서 찾아볼 수 있다. 평양에서 입원하고 계실 때, 태국이를 돌 볼 사람이 없어, 선생님을 잘 설득하여 3월 13일에 태국이를 탁아소에 보냈다. 태국이는 매일 어머니를 찾아 왔는데, 선생님께서는 태국이를 위해 서랍마다 먹을 것을 넣어주고는 아이 오기를 기다리시곤 하셨다. 태국이를 평양 고아원에 기탁했을 때인데, 태국이가 여러날 학교에 가지 않는다는 통보가 왔다. 나는 처음에는 깜짝 놀랐다. 선생님의 병환이 더 심중해지는 것 같아, 태국이에게 너무 자주 어머니를 찾지 못하도록 타일렀는데, 선생님도 태국이도 서로 만나지 않으면 견딜 수가 없어 태국이가 아예 학교는 가지 않고 몰래 병원으로 엄마를 찾아왔던 것이다.

나는 여기서 예지에 빛나는 선생님에게서 순수한 어머니의 사랑을 읽었다. 그러나 선생님의 병환을 간구하기 위해서나, 또 태국이의 장래를 위해서 나는 그대로 있을 수가 없어 태국이를 달래고 나무라지 않을 수 없었다. 태국이는 나를 '배선생 누나'라고 불렀는데 내 말을 곧 알아듣고 다시 학교에 다니기 시작했다.

선생님의 둘째 형부가 한의사였으므로 양의 병원에 입원해 계시면서도 병실에서 한약을 달여 잡수셨다. 선생님은 신경 쇠약으로 거의 폐인이 되다시피 하셨으며, 자주 졸도하여 간호인이 옆에 꼭 있어야 하는 중환자였다. 그런데 나는 병원일이 분주하여 선생님께서 손수 한약을 달이시는 경우가 많았다. 어느 날 선생님께서는 한약을 달이시다가 그만 풍로에 엎어지셨다. 이것이 네 번째의 재발이었으며 이 뒤로 영영 깨어나지 못하신 채 하나님 곁으로 가셨다.

나는 그때의 선생님을 잊을 수가 없다. 쓰러진 선생님은 코고는 소리가 요란하였으며, 침석에 편안히 눕혀드리려 하였으나 몸이 엎어진 채로 오그라져 도무지 펴지지 않아 하는 수 없이 옷을 찢어 벗겨드렸다. 선생님의 얼굴은 흉하리만큼 찡그려져 있었으며, 온 방안에서는 이상한 악취로 인하여 코를 들 수가 없었다.

그러한 선생님의 얼굴에는 무엇인가 못다 하신 한이 서려있는 것 같았다. 나는 안타까운 마음에, "선생님, 어서 평안히 눈 감으시고 하나님 곁으로 가세요." 라고 큰 소리로 외치듯 말씀드렸다. 그때 놀랍게도 선생님은 깊은 숨을 들이키고 다시 밖으로 내뿜으셨다.

그러더니 선생님의 얼굴에는 여지껏 보지 못하였던 아름다운 화색이 돌았고 악취도 모두 없어지고 말았다. 선생님의 얼굴은 항상 시퍼렇고 누렇게 떠있었다. 나는 선생님의 임종에서 처음으로 화색이 도는 아름다운 얼굴을 보았다. 조국과 민족을 위하여 당했던 그 고뇌를 벗어 놓으신 때문이라 생각되었다. 선생님의 표정이 너무도 온화하고 아름다워 태국이도 신기한 듯 돌아가신 어머니를 보고 자꾸만 이렇게 말했다.

"어머니가 나보고 웃는다. 그렇지? 배선생 누나!"

선생님의 간호를 위해 특히 수고하셨던 김명선 박사의 제의에 따라, 선생님은 시체실로 옮기지 않은 채 병실에서 시신을 안치시켰다. 평소에 원하시던 분홍색 수의를 입혀 드리고 3일장을 지낸 후 화장하여 유골을 대동강물에 뿌렸다. 그리고 가족회의에서 선생님의 유물은 모두 태국이에게 주기로 하였으며, 태국이 양육문제를 몇 번 논의하였으나 별다른 실마리를 찾지 못하여, 회령 고아원을 경영하는 나의 친구 소개로 어느 목사에게 양자로 보냈는데, 그 뒤 태국이가 심한 학대를 받는다는 소식을 전해 들었을 뿐, 3·8선이 가로막힌 이후부터는 아예 아무 소식도 들을 수 없게 되었다. 태국이를 끝까지 제대로 돌보아주지 못한 것이 지금도 안타깝게 생각될 뿐이다.

31. 동경 여자학원 광보(2005년 1월호)

1) 2004년 10월 25일 (창립134년) 창립기념일 집회

創立記念日を前に、二週にわたって、礼拝で女子学院の歴史を振り返りました。その中から、中学礼拝での話をご紹介します。

「金マリアと女子学院」 – 半田 敦子 教諭

入学式を間近に控えた四月、女子学院に韓国から訪問者があった。KBS放送の取材クルーが八月の独立記念日特集制作にあたっての資料を求めにきたのだ。 日本でも八月に終戦記念日特集が組まれるが、韓国での趣はまったく逆である。

八月十五日は、日本の足かけ三十六年にわたる植民地支配から解放された独立記念日という喜びの日として、特別番組が多く作られる。KBSは、かつて女子学院で学び、その後韓国の独立運動の女性指導者となった金マリアの資料を求めにきたのだった。

金マリアは、一八九一年、今の北朝鮮のクリスチャンホームに生まれた。両親は早くに他界したが、教会の支援を受けてソウルにあるキリスト教主義学校に学んだ。

マリアが一九歳の年の一九一〇年、日本の韓国併合により植民地支配

が始まる。その中でマリアは「国の運命を男性にばかり預けてはいけない。われわれ女性が進んで先頭に立つとき、国民はこれを応援するだろう」との言葉を残している。

援するだろう」との言葉を残している。

一九一四年、広島にわたり、翌年女子学院に入学する。当時の女子学院は、英語で多くの授業を行う、今の大学と同じレベルの学校だった。そこには、中国や朝鮮からの多くの留学生が学んでいた。多くの学生と同様マリアも祖国の運命を心にかけて勉学に励んだ。

日本に来て五年目の一九一九年二月八日、在日留学生による独立宣言文が発表され、日本議会に送られる「韓国独立誓願書」が可決された後、彼女は大会の指導者として警官に逮捕された。その際、警官が、女子学院にもやってきて、金マリアの引渡しを要求するが、当時の院長であった三谷民子は「ここは学校です。金マリアは、自分の信ずることをやっているのです。犯罪人のように扱わないでください」と言って警官の立ち入りを拒否したそうだ。この三谷院長の姿には、女子学院の「神によって創られた一人一人の人間を尊重したい」という、今も変わらない学校のあり方を見ることが出来る。その直後彼女は、学業半ばで独立運動の指導者となるため慌しく帰国した。その運動は、韓国全土に広がり彼女は何回かの逮捕・拷問によって健康を害すが、中国・上海やアメリカにも渡った。しかし、一九四四年三月、ついに韓国

の独立を見ることなく、日本軍の拷問による病のため、その一生を終えた。韓国では大変有名な独立運動の女性指導者だそうだ。没後六〇年にあたり、KBSは女子学院での彼女の姿を求めにやってきた。

私は、創立記念日を前にして「女子学院の歴史」のほかに韓国で出版された「金マリア」の伝記も参考にした。そこには、金マリアが最も影響を受けた一人の教師、ミス・ロンドンというアメリカ人の宣教師がたびたび登場する。彼女は、独立運動の相談に訪れた在日韓国人留学生を、マリアに面会させる手はずを整えてくれた。恐らく警察から見たら、要注意人物である彼らをかくまう、ミス・ロンドンその人も要注意人物であったはずである。危険を顧みず、祖国の独立運動を企画したことをひそかに知ったミス・ロンドンは、植民地からやってきたマリアに「あなたの国は今、日本に支配されていますが、決して屈服してはいけません。一生懸命勉強して国に帰り、自分の才能を国のため、人々のため活かしなさい。」と励まし祈り続けた。又、帰国に当たって三谷院長に卒業証書の発行を訴えたのも彼女である。マリアはその伝記の中で、生涯忘れられない人として恩師ミス・ロンドンを挙げ、拷問や逮捕・闘病といった苦しい人生の中で支えになったと語っている。　この伝記を通して、九〇年以上前の私の知らない女子学院の姿を見た。韓国人の生徒とアメリカ人教師のやり取りを読むことは、日本人の私にとって歴史と向き合う少々辛い作業であった。その一方、彼

らの交わした言葉は、女子学院が神の教えによって建てられた学校で
なければ、聞くことはなかったという発見もあった。国のあり方や置か
れた状況がどのようであっても、許しあい理解しあうこと、人が神から
与えられた才能を自分自身の幸福のためだけではなく社会や人々のた
めに生かしていくことの尊さを、女子学院の歴史に見た思いがする。
사진: 金マリア(右端)と ミス・ロンドン(最後列)

(한글 번역)

■ 창립 기념일을 앞두고 두 주 동안 예배에서 여학원의 역사를 되돌아
보았습니다. 그 중에서 중학교 예배의 이야기를 소개합니다.

「김마리아와 여자 학원」 - 半田 敦子(한다 아츠코) 선생님

입학식을 앞둔 4월, 여학원에 한국 방문객이 있었다. KBS 취재진이 8월
독립기념일 특집 제작을 위한 자료를 구하러 온 것이다. 일본에서도 8월
에 종전기념일 특집을 만들지만 한국에서의 의미는 정반대다. 8월 15일
은 햇수로 36년에 걸친 일본의 식민지 지배로부터 해방된 독립기념일이
라는 기쁨의 날로 특별방송이 많이 제작된다. KBS는 과거 여학원에서
공부한 뒤 한국의 독립운동 여성 지도자가 된 김 마리아의 자료를 구하
러 온 것이었다.

김마리아는 1891년 지금의 북한 크리스천 가정에서 태어났다. 부모님은 일찍 타계하셨지만 교회의 지원을 받아 서울에 있는 기독교주의학교에서 학문을 배웠다. 마리아가 19살 때인 1910년 일본의 한국병합에 의해 식민지 지배가 시작된다. 그 중에서 마리아는 '나라의 운명을 남성에게만 맡겨서는 안 된다. 우리들 여성이 스스로 나아가 앞장설 때 국민은 이를 응원할 것이다'라는 말을 남겼다.

1914년 히로시마로 건너와 이듬해 여학원에 입학한다. 당시의 여학원은 많은 수업을 영어로 하는, 지금의 대학과 비슷한 수준의 학교였다. 그곳에서는 중국과 조선으로부터의 많은 유학생들이 배우고 있었다. (다른) 많은 학생들과 마찬가지로 마리아도 조국의 운명을 걱정하며 열심히 공부했다.

일본에 온 지 5년째인 1919년 2월 8일, 재일 유학생에 의한 독립선언문이 발표돼 일본 의회에 보내지는 '한국독립서원서'가 가결된 뒤 그녀는 대회의 지도자로서 경관에게 체포됐다. 그 때 경관이 여학원에도 찾아와, 김 마리아의 인도를 요구했지만, 당시 (학)원장이었던 미타니 타미코는 '여기는 학교입니다. 김 마리아는 자신이 믿는 일을 하고 있는 것입니다. 범죄인처럼 취급하지 마세요'라며 경찰의 출입을 거부했다고 한다.

이 미타니 원장의 모습에서 여학원의 '하나님에 의해서 만들어진 한사람 한사람의 인간을 존중하고 싶다'라고 하는, 지금도 변하지 않는 학교 본연의 자세를 볼 수 있다. 그 직후 그녀는 학업 중도에 독립운동의 지도자가 되기 위해 서둘러 귀국했다. 마리아에게 미타니 타미코는, 특별한 배려로 졸업 증서를 수여했다. 독립선언문을 일본에서 발표한 지 한 달도 안 된 3월 1일, 서울 파고다 공원에서 역사상 유명한 '독립운동선언문'이 낭독되어 여성 지도자로서 활동을 시작한다. 그 운동은 한국 전 지역에 퍼져 그녀는 몇 번의 체포·고문으로 인해 건강을 해쳤으나 중국·상하이나 미국에도 건너갔다. 그러나 1944년 3월, 끝내 한국의 독립을 보지 못하고 일본군 고문에 의한 병 때문에 일생을 마쳤다. 한국에서는 아주 유명한 독립운동의 여성지도자라고 한다.

사후 60년을 맞아 KBS는 여학원에서의 그녀의 모습을 구하러 왔다.

나는 창립기념일을 앞두고 <여학원의 역사> 외에 한국에서 출간된 김 마리아의 전기도 참고했다. 거기에는 김 마리아가 가장 큰 영향을 받은 한 교사, 미스 런던이라는 미국인 선교사가 자주 등장한다. 그녀는 독립운동을 상담하러 온 재일 한국인 유학생이 마리아를 면회할 수 있도록 마련해주었다. 아마도 경찰에서 보면, 요주의 인물인 그들을 몰래 숨겨주는 미스 런던도 요주의 인물이었을 것이다. 위험을 무릅쓰고 조국의 독립운동을 기획한 사실을 몰래 알게 된 미스 런던은 식민지에서 온 마리아에게 '당신의 나라는 지금 일본에 지배되고 있지만 결코 굴복해서는 안됩니다. 열심히 공부해서 고향에 돌아가 자신의 재능을 나라를 위해, 사람들을 위해 발휘하세요' 라고 격려하며 기도를 계속했다. 또, 귀국할 즈음 미타니 원장에게 졸업 증서의 발행을 호소한 것도 그녀다. 마리아는 그 전기에서 평생 잊지 못할 사람으로 은사인 미스 런던을 들며 고문이나 체포, 투병이라는 힘든 인생 속에서 버팀목이 되었다고 말하고 있다.

이 전기를 통해, 90년도 더 전의 내가 모르는 여학원의 모습을 보았다. 한국인 학생과 미국 교사의 교제를 읽는 것은 일본인인 나에게 있어서 역사를 마주하는 조금 괴로운 작업이었다. 한편으로는 이들이 나눈 대화는 여학원이 하나님의 가르침에 따라 세워진 학교가 아니었다면 들을 수 없었다는 발견도 있었다. 나라의 본연의 자세나 놓여진 상황이 어떻더라도 서로 용서하고 이해하는 것, 사람이 하나님으로부터 부여된 재능을 자기 자신의 행복을 위해서 뿐만 아니라 사회나 사람들을 위해서 활용해 가는 것의 고귀함을, 여학원의 역사를 통해 본 것 같은 생각이 든다.

*사진
김마리아(오른쪽 끝)와
미스 런던(가장 뒤)

2) 역사 산책- 27
오시마 코우이치 원장 시대

歴史さんほ

その二十七

大島孝一院長時代

二〇一二年八月二十七日、元女子学院院長大島孝一先生が逝去されました。九十五歳でした。

大島先生は一九六六~八〇年に院長に在任されていました。この頃は、学園闘争が激しい時代で、女子学院でも一九六九年十一月に、バリケード封鎖が行われ、二日間、高校は授業を止め、講堂で全体集会が持たれました。その時、バリケードを築いた高二の生徒達から、次の五つの要求が出されました。

一、「習う」から「学ぶ」への転換

二、「先生」から「教師」への転換

三、受験体制合法化の拒否

四、「相対評価」から「絶対評価」へ

五、定期試験準備教育の否定

この時のことを『女子学院の歴史』では、非日常的な空間で生徒達の意見を聞くことで「教師達も女子学院の教育を考える起爆剤になった」と書いてあります。

その結果として、一九七〇年四月からは生徒会が中高に分離され、一九七三年から、現行の五十分授業、週三十時間カリキュラムに、また二期制に変わりました。

そして服装の自由化となりました。その時、保護者に宛てた大島先生の言葉は下記の通りでした。「女子学院では、一九七二年度から、制度としての制服規定を廃止する方針をきめました。いったい服装は個性をもって自分で選びとるものであり、機能に応じた用い方を工夫すべきものであって、中学生・高校生にとっては、そのことが一つの教育であると考えます。」

また、大島先生の講堂礼拝といえば、アイデンティティーと金マリアが、よく取り上げられる話題でした。今でこそよく耳にするアイデンティティーという言葉ですが、当時の生徒たちにとっては馴染みのない言葉で「アイデンティティーを確立せよ」との言葉は、大人になってようやく意味が理解できた感じがします。

金マリアは大正八年に女子学院を卒業した留学生で、帰国後、独立運動に関わり、教育者として韓国の女性のために尽力した方です。在学中、韓国独立請願書可決の際に、発言したことから、警察官が

女子学院に逮捕に来た時、学監の三谷民子が「ここは学校です。金マリアは自分の信ずることをやっているのです。犯罪人のように扱わないでください」といって、立ち入りを拒否したといいます。

私は大島院長時代に在学しており、卒業後聞いた話ですが、同級生の一人がデモに参加し捕まりました。黙秘権を使いましたが、珍しい腕時計のシリアル番号から、名前が判明し、担当者が大島先生を訪ね「素直に話すように促したいので、このままだと学校は退学させるといっている、と伝えたのだが」というと、大島先生は「誰が退学させるといいましたか」と激怒したといいます。そしてその同級生はほどなく学校生活に戻り、一緒に卒業しました。金マリアに通じる話だと思いました。

もう一つ、大島院長時代に決められたことは、女子学院では元号でなく西暦を使うということです。西暦に統一したのは一九七三年からで、それは現在も続いています。

一九七〇年には創立百周年も迎え、今、普通に行われている制度への改変が、実はこの大島院長時代に次々と行われていたのでした。

女子学院資料室 梶原恵理子

(한글 번역)

역사 산책- 27
오시마 코우이치 원장 시대

2012년 8월 27일, 전 여학원 원장 오시마 코우이치 선생님이 서거하셨습니다. 95세였습니다.

오시마 선생님은 1966~80년에 원장으로 재임하고 있었습니다. 이 무렵은 학원투쟁이 심한 시대로, 여학원에서도 1969년 11월에 바리케이드 봉쇄가 행해져 이틀 동안 고등학교는 수업을 멈추고 강당에서 전체집회를 가졌습니다. 그 때 바리케이드를 구축한 고2의 학생들로부터 다음의 5가지 요구가 있었습니다.

첫째, '배운다(꿥う)'에서 '배운다(学ぶ)'로의 전환
둘째, '선생님'에서 '교사'로의 전환
셋째, 수험체제 합법화 거부
넷째, '상대평가'에서 '절대평가'로
다섯째, 정기시험준비교육의 부정

<여학원의 역사>에는 이 때의 일이 비일상적인 공간에서 학생들의 의견을 들음으로써 '교사들도 여학원의 교육을 생각하는 기폭제가 되었다'

라고 쓰여 있습니다.

그 결과 1970년 4월부터는 학생회가 중학교와 고등학교로 분리되어 1973년부터 현행의 50분 수업, 주 30시간 커리큘럼, 2기제로 바뀌었습니다.

그리고 복장 자유화가 되었습니다. 그 때 보호자에게 보낸 오시마 선생님의 말은 다음과 같았습니다. "여학원에서는 1972년도부터 제도로서의 교복 규정을 폐지할 방침을 정했습니다. 원래 복장은 개성을 가지고 스스로 선택하는 것이며, 기능에 따른 사용법을 궁리해야 하는 것으로써, 중학생·고등학생에게는 그것이 하나의 교육이라고 생각합니다."

또 오시마 선생님의 강당예배에서는 정체성(아이덴티티)과 김 마리아가 자주 언급되는 화제였습니다. 지금은 잘 쓰는 아이덴티티라는 말은 당시 학생들에게는 낯선 말로 '아이덴디티를 확립하라'는 말은 어른이 되어서야 비로소 의미를 이해할 수 있었던 것 같습니다.

김 마리아는 대정 8년에 여학원을 졸업한 유학생으로, 귀국 후 독립운동에 관여하여 교육자로서 한국 여성을 위해 노력한 분입니다. 재학 중 한국 독립 청원서 가결시 발언한 것으로 인해 경찰관이 여학원에 체포하러 왔을 때, 학감인 미타니 타미코가 '여기는 학교입니다. 김 마리아는 자신이 믿는 일을 하고 있는 것입니다. 범죄인처럼 취급하지 마세요'라며 출입을 거부했다고 합니다.

저는 오시마 원장 시절에 재학중이었고 졸업 후에 들은 이야기인데, 동급생 중 한 명이 데모(시위)에 참가해 잡혔습니다. 묵비권을 사용했지만 희귀한 손목시계의 시리얼 번호로부터 이름이 판명되어, 담당자가 오시마 선생님을 방문해 '솔직하게 말하도록 재촉하고 싶어서, 이대로라면 학교는 퇴학시키겠다고 하고 있다고 전했다' 라고 하자, 오시마 선생님은 '누가 퇴학시키겠다고 했습니까' 라고 격노했다고 합니다. 그리고 그 동급생은 곧 학교생활로 돌아와 함께 졸업했습니다. 김 마리아와 연결되는 이야기라고 생각했습니다.

또 하나 오시마 원장 시절에 정해진 것은 여학원에서는 원호가 아닌 서력을 사용한다는 것입니다. 서력으로 통일한 것은 1973년 이후부터이며, 현재까지도 이어지고 있습니다.

1970년에는 창립 100주년도 맞이하여, 현재 일반적으로 시행되고 있는 제도로의 개편이, 실은 이 오시마 원장 시대에 차례차례로 행해지고 있었던 것입니다.

여학원 자료실 梶原恵理子 (하라 에리코)

32. 조선인개황(朝鮮人概況)

1. 宣言発表後逮捕された学生たちの中で、宣言署名者の9名は引き続き収監されましたが、その他の学生はすぐに釈放されました。逮捕された学生の中には、女子留学生の金マリアも含まれていました。学生たちは、第二、第三の運動を展開しました。

선언 발표 후 체포된 학생들 가운데 선언서명자 9명은 계속해서 수감되었고 그 외 학생들은 바로 석방되었습니다만 그 가운데에는 여자 유학생 김마리아도 포함되어 있었습니다. 학생들은 제2, 제3의 운동을 전개했습니다.

2. 運動には女子学生たちも参加しました。
   女子留学生親睦会は2·8宣言文を準備するのに
   必要な資金をカンパして運動を支えました。
   金マリア(女子学院)は、2·8宣言後朝鮮に帰っ
   て独立運動を展開、同じく留学生であった黄愛施
   徳(東京女医)らとともにソウルで女性同志たち
   と会合し、さらなる運動の計画を進めました。
   当時のYMCA総務、白南薰は、収監された学
   生たちのために、弁護士をさがしたり、食べ物を

差し入れたりするなど、献身的に働きました。

운동에는 여학생들도 참가했습니다. 여자유학생 친목회는 2·8선언문을
준비하는데 필요한 자금을 모으는 운동을 도왔습니다.

김마리아(여자학원)는 2·8선언 후 조선에 돌아가 독립운동을 전개 같은
유학생 이었던 황애시덕(동경여의) 등과 함께 서울에서 여성동지와 모여
운동의 계획을 진행시켰습니다.

당시 YMCA 총무 백남훈은 수감된 학생들을 위해 변호사를 찾고 음식물
을 제공하는 등 헌신적으로 활동했습니다.

33. 동경 여자학원 역사 속의 김마리아

출처 : 여자학원의 역사(女子學院の歴史) / 1985년 10월 24일 학교법인
　　　여자학원 發行

留学生の こと

朝鮮独立運動の指導者、金マリアであった。そこで金マリアの足跡を
李炫熙『韓国近代女性開化史』によって紹介することで、女子学院に学
んだ留学生の姿をかい間みたいと思う。

金マリアは、一八九一年六月、黄海道長湯郡に篤実なキリスト者であ
る父金充邦、母金蒙恩の三女として生れ、キリスト教の小学校を終え
た後、ソウルに出てメソヂスト系の梨花学堂(現在の米花女子大学)に
入つたが，教派がことなるめ退學，長老派の정신女学校に一九〇六年に
入学した。その性格は、小学校の時に男装して歩輪に乗って学校に通
ったといわれているように、男のような激しい気象を内に秘めながら
も、寡黙で沈着であったという。キリスト教による正義感は、愛国独
立の思想にふれることで高められ、「国の運命を男性にのみあずけては
いけません。われわれ女性が率先垂範、先頭に立つときすべての国民
がこれを声援するでしょう」と、貞信女学校時代によびかけるまでに鋭

いものとなった。

日本留学は、貞信女学校長の好意で外国留学をすすめられたさい、み
ずから選択して志望したものであった。それは、叔母金弼礼が国費生で
留学していたことと、「仇国」日本にいって独立運動を続けねばならない
という「救国的使命意識」によっていた。大正三年に来日した金マリア
は、広島高等女学校で日本語と英語の勉強を一年余した後、女子学院
に入学した。女子学院では、貞信女学校と同じプレスビテリアンに関
係することより選ばれたのであろうが、叔母金弼礼が学んでいた。

学校では、ミス・ロンドンが「祖国のために役に立つように」と励まして
くれ、その精神的指導を受けた。しかもミス・ロンドンは、独立運動
に従事している在日男子学生が訪問して来たさい、金マリアが面会出
来るようにとりはからってくれたという。やがて男子学生にまじって独
立運動に積極的に参加したマリアの動向は、警察の注目するところと
なり、その監視下におかれた。

一九一九(大正八)年二月八日に在日留学生五百余名を集めて大会が開
かれ、「独立宣言文」が朗読され、日本議会に送る韓国独立請願書が可
決されたさい、金マリアが「日本帝国主義の対韓植民地政策を辛辣に
糾弾し、最後の時まで日帝と闘争することを涙で訴え」ると場内粛然と
し、すぐに泣き声と喚声がみちたという。金マリアは、この大会の指
導者として警視庁に逮捕されたが、釈放後は「独立宣言文」を母国へ持
ちこむために帰国の準備にとっかかった。この間、三谷民子は、金マ

リアを逮捕しようとして女子学校を訪れた警察官に対し、「ここは学校です。金マリアは自分の信ずることをやっているのです。 犯罪人のように扱わないでください」と言って、警官の立ち入りを拒否したという。ミス ロンドンは、マリアの愛国の至情と女性指導者としての＊＊を知っていたがため、帰国を了承し、学校がそのための、特別措置をとるように配慮するなど、帰国を＊＊した。三谷民子は、こうしたミス-ロンドンの口＊もあったのであろう、金マリアが＊＊＊の卒業試験を受けることもなく帰国したのに対し、特別な配慮で卒業証書を授与したのだった。 (중략)

動いたが、一九四一年に昏倒した意識がもどらず、一九四五年三月、念願の独立をみることなく昇天した。その生涯は、婦人運動の先駆者として、民族独立運動をにないながらも、志を十分に燃焼しえないまま、失意のうちにとじられたものといえよう。ちなみに大韓民国政府は一九六二年に建国功労勲章単章を授与した。

　三谷民子は、この朝鮮独立運動に情熱を燃やす愛国少女をも、ごく普通の生徒と同じに遇し、その将来を思い「卒業」させたのであった。その処置は、独立運動に共鳴したというような『主義』によるものではなく、一人一人の人間を尊重したいとの念によってなされたものにほかならない。

こうした人間的なやさしさこそは、金マリアをはじめ、中華民国や朝鮮からの留学生をやさしく抱擁し、警察の鋭い監視から生徒を守るこ

とを可能とした。そこには、「私の大切な子」である女子学院生徒が信
念をもってかかわろうとしていることがらを、教師としてしっかりと
見守ってやりたいとの思いがつらぬかれていた。まさに三谷民子は女
子学院の教職員・生徒にとり母であったといえよう。

ちなみに女子学院への朝鮮人留学生としてはつぎのような人々の存在
があきらかとなっている。

金弻礼(大正 二年 本科卒, 大正 五年 高等科卒)

金マリア(大正 六年 本科卒, 大正 五年 高等科卒).

尹淑卿(大正 九年), 朴慶姫(大正 十年), 安俊澹(大正 十三年) 등등.

(한글 번역)

유학생의 일

조선 독립운동의 지도자 김마리아였다. 그곳에서 김마리아의 발자취를
이현희 '한국근대여성개화사'에 의해 소개함으로써 여학원에서 배운 유
학생들의 모습을 잠시나마 보고 싶다.

김마리아는 1891년 6월 황해도 장연군(長淵郡)에 독실한 기독교인인 아
버지 김윤방(金允邦) 어머니 김몽은(金蒙恩)의 셋째 딸로 태어나 기독교

초등학교를 마친 뒤 서울로 나가 감리교 계열 이화학당(현재의 이화여자대학)에 들어갔으나, 교파가 달라 퇴학, 장로교인 정신여학교에 1906년 입학했다. 그 성격은 소학교 때 남장하고 바퀴를 타고 학교에 다녔다는 말처럼 남자처럼 심한 기상을 속에 간직하면서도 과묵하고 침착했다는 것이다. 기독교의 정의감은 애국독립 사상에 접촉하면서 높아져 '국가의 운명을 남성에게만 맡겨서는 안 됩니다. 우리 여성이 솔선수범에 앞장설 때 모든 국민이 이를 성원할 것입니다'라며 정신여학교 시절까지 기세가 날카로워졌다. 일본 유학은 정신여학교장의 호의로 외국 유학을 준비할 때 스스로 선택해 지망했던 것이었다. 그것은 숙모 김필례가 국비생으로 유학했던 것과 원수나라 일본으로 가서 독립운동을 계속해야 한다는 구국적 사명의식에 의해서였다.

대정 3년에 일본에 온 김마리아는 히로시마 고등여학교에서 일본어와 영어 공부를 한 해 남짓한 뒤 여자 학원에 입학했다. 여자 학원에서는, 정신여학교와 같은 장로교에 관계하는 쪽을 선택했는데, 숙모 김필례가 배우고 있었다.

학교에서는 미스 런던이 조국을 위해 도움이 되도록 하라고 격려해줘 그 정신적 지도를 받았다. 게다가 미스 런던은, 독립운동에 종사하고 있는 재일 남학생이 방문해 왔을 때, 김마리아가 면회할 수 있도록 주선해 주었다고 한다.

이윽고 남자 학생에 섞여 독립운동에 적극적으로 참가한 마리아의 동향은, 경찰의 주목하는 바가 되어, 그 감시 하에 놓여졌다.

1919(대정8)년 2월 8일 재일 유학생 500여명을 모아 대회가 열렸으며 '독립선언문'이 낭독돼 일본 의회에 보내는 한국독립청원서가 가결되ㅇ 을 때 김마리아가 "일본제국주의의 대한 식민지 정책을 신랄하게 규탄하 고 마지막 날까지 일제와 투쟁하는 것을 눈물로 호소한다"고 장내 숙언 해 곧 울음과 함성을 질렀다고 한다.

김마리아는 이 대회 지도자로 경시청에 체포됐으나 석방 후 '독립선언 문'을 모국으로 가져가기 위해 귀국 준비에 들어갔다.

그 동안 미타니 타미코 씨는 김마리아를 체포하려다 여자학교를 찾은 경 찰관에게 "여기는 학교예요. 마리아는 자기가 믿는 것을 하고있는 것입 니다. 범죄인처럼 취급하지 마세요"라며 경찰의 출입을 거부했다고 한 다. (중략)

일했지만 1941년에 혼도(졸도)된 의식이 돌아오지 못하고 1945년 3월 염원의 독립을 보지 못하고 승천하였다. 그 생애는 여성운동의 선구자로 서 민족독립운동을 하였으나 뜻을 충분히 태우지 못한 채 실의 속에 갇힌 것이라고 할 수 있겠다. 덧붙여서 말하면 대한민국 정부는 1962년에 건 국공로훈장 단장을 수여하였다. 미타니 타미코는 이 조선독립운동에 열 정을 불태우는 애국소녀도 아주 평범한 학생과 똑같이 대해 '졸업'시켰 다. 그 조치는 독립운동에 공명했다는 식의 '주의'에 의한 것이 아니라 한 사람 한 사람의 인간을 존중하고 싶다는 생각으로 이루어진 것이다.

이런 인간적인 부드러움이야말로 김마리아를 비롯한 중화민국과 조선 유학생들을 쉽게 포옹하고 경찰의 예리한 감시로부터 학생들을 지킬 수 있도록 했다. 거기에는 나의 소중한 아이인 여학원생들이 신념을 갖고 관여하고 있다는 점을 교사로서 확고히 지켜보고 싶다는 생각 관철되고 있었다. 확실히 미타니 타미코는 여자 학원의 교직원·학생에게 어머니였다고 말할 수 있을 것이다.

덧붙여 여학원에 대한 조선인 유학생으로서는 다음과 같은 사람들의 존재가 밝혀져 있다.

김필례 (대정 2년 본과졸, 대정 5년 고등과졸)

김마리아(대정 6년 본과졸, 대정 5년 고등과졸).

윤숙경(대정 9년), 박경희(대정 10년), 안준담(대정 13년) 등등.

후 기

2·8 독립선언 및 3·1 운동 100주년을 맞아 김마리아선생기념사업회와 정신여중·고 동문회에서도 기념 행사 준비가 한창이었다.

2·8 독립선언의 현장, 동경 YMCA의 방문은 우리가 예상치 못한 곳에서 나왔다. 정신학원 이사회에서였다. 이군식 이사장님이 전부터 이사회 일본 연수를 희망하신 터였다. 새롭게 들어온 이충호 이사님은 교육부 파견으로 일본에서 오래 근무한 적이 있었고, 지금도 일본에 지인들이 많았다. 기념사업회 이미자 회장님을 비롯하여, 이송죽 감사님 등 이사회는 이왕이면 2월 8일에 맞춰 동경을 방문하자고 결정하였다.

동경의 숙소에서 전철을 세 번 갈아타고 도착한 2·8의 현장 YMCA는 구 도심에 그리 크지 않은 건물이었다. 그러므로 기념식장은 단출했다. 그러나 기념식에는 한국에서 오신 많은 분들로 성황을 이루었다. 여러분들의 기념사가 이어졌다.

전날은 선생이 다니셨던 동경여자학원을 방문했다. 학교가 대동아 전쟁 때 폭격을 당했고, 이후 다시 불에 탄 때문에 학교의 자료가 남아있기 어려울 것이었다. 마침 학교 역사를 편찬하고, 정년을 6개월 남기신 선생님이 우리를 안내했다. 동경여자학원 시절의 선생의 단체 사진의 원본을 보여주셨다. 그것은 동문들이 학교 자료를 모은 것 중의 하나라고 했다. 그러면서 학교 교지에 실린 당시 재직 선생님의 회고의 글 중에 김마리아 선생에 대해 언급한 자료를 내오셨다. 나는 속히 서울로 자료를 보냈다.

지난해부터 자료 정리를 마치고, 선생의 서거일인 3월 13일에 맞춰 출판사와 계약 중이었다. 문제는 서류 등이 오가는 과정에서 출판사와 맞지 않았다. 하는 수 없이 다른 출판사에 맡길 수밖에 없었다. 그 다른 출판사가 보내온 책의 시안은 터무니없이 안좋았다. 다시 원래의 출판사와 협의를 했다. 그러나 이미 시간이 많이 지나서 도저히 날짜를 맞출 수 없다고 했다. 다른 출판사도 마찬가지였다. 이번에 책을 출간하는 것을 포기해야 했다. 그러나 김혜경 선생님은 당신이라도 직접 편집을 하겠다고 했다. 마침 넘어져서 부러진 팔을 감싸며 밤을 새우는 작업이었다.

그러나 이렇게 책이 뒤늦게 나오는 때문에 일본을 방문해서 얻은 세 개의 자료가 책의 뒤에 편입되게 되었다. 하나님의 섭리는 이처럼 놀랍다.

그리고, 2·8 독립선언 100주년 기념식에서 한 분이 이렇게 말씀하셨다. '3·1운동으로 이어지는 이 위대한 2·8 독립선언이 YMCA의 이 가운데 글짜 C의 기독교 정신으로 시작한 것은 의미가 있다. 기독교 정신이란 적에 대해 무력으로 대항하지 않고, 비폭력으로 적들의 힘을 무력화시키는데 있다.'

그러나 그것은 기독교에 대한 오해에서 비롯된 인식이다. 베드로가 예수님에 의해 '사탄'이라는 말을 들은 것은 바로 '적을 무력화 시키겠다.'는 이 '시키겠다'에 있었다.

기독교의 사랑이란 의미는 시대를 넘어 우리의 욕심으로 이용되어 왔다.

가족도 없이 평양에서 서거하시고 대동강에 뿌려진 때문에 선생에 대해서 남은 유품들조차, 변변한 기념관조차 아직 없다. 온 생애에 걸쳐 나라를 위한 독립운동으로 걸어온 삶이었지만 훈격조차 제대로 정립되지 못하고 있다.

책이 엮어지기까지 도와주신 모든 분들께 감사드린다.

2019년 2월 엮고 옮긴이.

편역자

이희천

경북대학교, 서울대학교 대학원 과학교육과 졸업

전 정신여자고등학교 교장

엮고 지은 책들

정절과 신앙의 정신 120년(2007)

애니 엘러스, 한국에 온 첫 여의료선교사(2009)

경일교회 50년(2014)

신문으로 보는 김마리아(2014)

장로회 최초의 여학교 선교 편지(2014)

강원사대부고 50년(2017)

정신 130년사 상권(2017)

김혜경

서울대학교 가정대학 식품영양학과 졸업

전 정신여자고등학교 부장교사

엮고 지은 책들

정절과 신앙의 정신 120년(2007)

애니 엘러스, 한국에 온 첫 여의료선교사(2009)

신문으로 보는 김마리아(2014)

장로회 최초의 여학교 선교 편지(2014)

정신 130년사 상권(2017)

독립운동자료로 보는 **김마리아**

인 쇄 : 2019년 2월 22일
발 행 : 2019년 2월 28일

편역자 : 이희천 · 김혜경
후 원 : 사단법인 김마리아선생기념사업회
발행인 : 김영환
발행처 : **도서출판 다은샘**

05661 서울특별시 송파구 중대로27길 1(오금동)
전화 02-449-9172   팩스 02-431-4151
E-mail : dusbook@naver.com
등록 제1993-000028호

ISBN 987-89-5817-443-1 93990

값 17,000원

이 도서의 국립중앙도서관 출판예정도서목록(CIP)은 서지정보유통지원시스템 홈페이지
(http://seoji.nl.go.kr)와 국가자료종합목록시스템(http://www.nl.go.kr/kolisnet)에
서 이용하실 수 있습니다. (CIP제어번호 : CIP2019006819)